銀行預金しかないあなたのための

何歳からでも間に合う初めての投資術

佐藤健太

ワニブックス
PLUS新書

はじめに

２０２３年、皆さんはどんな日々を過ごしているでしょうか。長く続いたコロナ禍を経て、つらい思いをした人も多かったと思いますが、少しずつ日常が戻ってきた今、気持ちを新たにして様々な挑戦を心に決めた人もいるでしょう。

とはいえ社会の構成員である人間は一人の力だけでは生きていくことができず、外部の環境によって大きな影響を受けます。災害や事件・事故といったものだけではなく、政治や経済の行方、国際社会の動向などにも左右されるはずです。

幸いにして、予言者・ノストラダムスの「恐怖の大王がやってきて、人類が滅びる」という世紀末予言は外れましたが、２０２０年から新型コロナウイルスの感染拡大が始まり、22年にはロシアによるウクライナ軍事侵攻も起きました。まさに「一寸先は闇」が世の常であると言えるでしょう。

一人ひとりの人生も同じです。いかに気をつけていても病気やケガ、介護などを絶対に避けられるすべはありません。想定外の出来事も起きます。だからこそ、それまでの「成功体験」を捨ててリスクを軽減する準備と対策を講じていかなければなりません。平穏で無事に老後を迎えられたからといって、その後も「安泰」とは簡単にはいかないのです。

２０１９年６月、金融庁のワーキンググループによる報告書をきっかけに**「老後２０００万円問題」**という話題が関心を集めました。年金で生活する夫婦のモデル世帯では毎月５万円超の赤字が生じ、30年間で約２０００万円が不足するというのです。現役時代に毎月保険料を負担してきたにもかかわらず、老後資金が足りないことを国が認めた形と言えます。当然、世間からは猛烈な批判が起き、国は事実上の「撤回」に追い込まれました。

しかし、この「２０００万円」という数字は老後に必要なお金の目安として人々に浸透しているように思います。コツコツと預貯金を積み上げる人、退職金や親からの相続・贈与を計算に入れる人、ギャンブルで一発逆転を狙う人……。多くの人は２０００万円の確保を頭の片隅に入れているのではないでしょうか。

■老後資金「2000万円では全然足りない!」

巷には「2000万円も必要ない」という声もあります。しかし、私は「**2000万円では全然足りない**」と見ています。その理由は、金融庁の報告書で示された1カ月の支出内訳と将来のリスクにあります。モデルケースは、65歳以上の夫と60歳以上の妻という夫婦のみの無職世帯です。2017年の「家計調査」(総務省)データに基づき、月の収入は年金で20万9198円、支出は26万3718円となっています。その差の5万4520円(年間65万4240円)が赤字になるというのです。

長寿化が進み、「人生100年時代」といわれる今日、夫95歳・妻90歳という30年後の姿は十分にあり得ます。その間に積み上がる赤字は約1963万円に膨らみ、貯金を取り崩すなどの対応が必要になるというわけです。

私が「全然足りない」と見るのには、2つの理由があります。1つ目は、会社員や公務員ではない国民年金だけの自営業、フリーランスの人はどうなのかという点です。国民年金から支給される老齢基礎年金は、20歳から60歳までの40年間にわたって保険料を払っても受給額は月約6万5000円（満額）です。夫婦で約13万円の年金収入で暮らすとすれば、先のケースでは毎月約13万円（年間約160万円）もの赤字が生じ、30年間では約4800万円に達することになります。

そして、2つ目はモデルケースの支出において「保健医療」が月約1万5000円として計算されている点です。たしかに高額療養費制度や医療費控除を利用すれば負担感は和らぎますが、加齢とともに高まる病気のリスクを考えれば入院費用や手術代なども必要になります。加えて、「介護」が外れていることに気づきます。介護保険が適用されても様々なサービスの利用によって自己負担は膨らみ、月に5万円以上かかるケースも見られています。しかし、モデルケースにはそれらが含まれていないのです。

では、実際に老後資金はどのくらい必要なのでしょうか。これは単身なのか2人以上の世帯なのか、持ち家なのか賃貸に住んでいるのか、マイカーを保有しているのか否か、あるいは入院や介護が必要なのか、といった条件でもちろん異なるでしょう。2022年に見られた物価上昇によっても支出は違ってくると言えます。

ただ、少なくとも言えるのは**「2000万円では全然足りない」**ということです。老齢厚生年金を受給する夫婦でも不足するのですから、老齢基礎年金のみの世帯はもっと足りないことは間違いありません。ましてや、昔は55歳だった年金受給開始年齢が今は原則65歳となっており、少子高齢化の影響で今後は「68歳」「70歳」に引き上げられる可能性もあるでしょう。国民年金保険料の納付期間延長や支給額の減少といった見直しも考えられます。やはり「一寸先は闇」なのです。

大学を出てコツコツと働き、役職がつくまで昇給すれば、退職時にはガッポリと退職金をもらえるので老後は安泰——。このようなバブル時代に見られた「神話」は、超低金利時代の今は通用しません。日本の平均給与は25年以上も変わらず、定年年齢が65歳に延長されるとはいっても60歳を超えると給与は急減します。退職金の平均も20年あまりで約1000万円も少なくなりました。もはや、以前のような定型的なルートをたどることは難しいのです。

上がらない給与に、増え続ける税金や社会保険料負担。金融庁のワーキンググループによる試算を持ち出すまでもなく、老後資金の不足は自分の手で補っていかなければなりません。**2022年12月に決定された少額投資非課税制度（NISA）の拡充・恒久化は「制度は用意するから、老後のお金は自分で準備してほしい」という国の答えでもあります。**

幼少時はスポーツができる子、中学生からは勉強ができる生徒、大学生や社会人では要領の良さや運も「勝ち組」に入るためには必要となるでしょう。それはライフステージごとに変わり、老後には老後の勝ち方というものがあります。

一体、いつまで働き続ければいいのか。いつから、何をすれば間に合うのか。老後破綻という悲惨な末路を迎えないために、今できることは何なのか。**本書は、老後の暮らし方や働き方、資産運用や年金のもらい方、節約・節税などについて、あらゆるデータを分析した上でシミュレーションし、「老後の勝ち方」を示すものです。**

言うまでもなく、危機管理の要諦は「最悪の事態を想定する」ことです。外部の環境でつまずいても自ら乗り越えられる知識と力を備えていただければ幸いです。

■マネーに関しては「何もしない」ことが最大のリスク

私は、ファイナンシャルプランナー（ＦＰ）の相談サービス『マネーセージ』で執行役員を務め、多くの方々の相談に触れてきました。資産運用や貯蓄の方法など人生のあらゆる局面において、お金に困らないようにする「人生戦略」のサポートをしています。

ゆとりある老後生活を送るための戦略と対策を描くお手伝いです。

「貯金はほとんどありません。惨めな老後を迎えないために今からできることはあるでしょうか？」

「シングルマザーで、娘が一人います。収入が少ないのですが、大学に進学させてあげたいです。お金はどのように準備したらいいでしょうか？」

資産形成と聞けば、お金持ちが気にするものと思われるかもしれません。しかし、寄せられる相談の多くは決してそうではありません。日々の生活に追われ、全力で人生を駆け抜けてきた人が突如、「老後の壁」にぶつかる。現役時代は安定した収入を得て毎日をエンジョイしていたものの、年金収入だけで生活する老後には不安がある。金融資産が1億円を超えるような富裕層からの相談は一部であり、ほとんどは3000万円以下の「マス層」からのものです。

さらに付け加えれば、「マス層」の中でも将来に不安を抱く「リスク層」からの相談が少なくありません。要は「今はいいけど、将来は大丈夫なのか?」という人々です。

こうした相談者の特徴には「自分で頑張りすぎる人」が多い点が挙げられます。汗水垂らして家族のために働き続け、欲しい物があっても自分は我慢する。でも、ようやく子育てが終わって高齢者の仲間入りをする年齢を迎えた時、気がつけば老後資金に余裕がない。お財布(貯蓄)の中身を気にせず、悪戦苦闘しながら毎日を乗り切ってきた人が多いように感じます。

私は、こうした状況を「低空安定飛行」と名付けています。日々の生活は低空ながらも墜落しないよう操縦できている。しかし、そこで「安定」しているということです。給与がドーンと増えたり、転職して年収が上昇したりすれば状況を変えることができますが、ほとんどの場合は「低空」での「安定」が続いていきます。

たしかに、この状況は一見すれば「安全」のように見えますが、あくまでも「低空」

の位置にあり、何らかのアクシデントがあれば墜落する危険があります。そして、何か起きなくても現役時代に比べて収入が激減する「老後の壁」にぶつかる可能性があるのです。

先ほど、将来不安を抱く人の特徴として「自分で頑張りすぎる人」が多いと触れました。それは裏を返せば「自分以外」で頑張ることができれば、不安解消につながることを意味します。「自分以外」とは、夫婦共働きで厚生年金の受給額を多くするというだけではなく、「お金にも働いてもらう」ということです。

今のような超低金利時代は預金で眠らせていても、お金は増えません。たとえ少額ずつでも資産運用・投資に回し、コツコツとお金に働いてもらえば、老後不安の解消にもつながっていくでしょう。勤続年数が多ければ基本的に所得が増えていくように、資産運用・投資の期間が長ければ長いほどメリットを感じることができると思います。

2023年春、10年間在任した日本銀行の黒田東彦総裁が退任し、新しいトップに植田和男氏が就任しました。アベノミクスの中核を担った大規模金融緩和政策は修正に向かい、日本の財政・金融政策に変化が生じると予想されています。景気に「山」と「谷」

があるように、物価や金利、株価などは変わり続け、私たちの生活も変化していきます。国の税制や社会保険料の負担、年金制度も変わっていくでしょう。

私たちが「老後破綻」を招かないために考えるべきは、「自分の身は自分で守る」という基本を忘れないことです。私は、相談者と向き合った時に「病気」の話をしています。若い時は暴飲暴食を重ねても、睡眠時間を削って働いていても、すぐに病院へ向かう必要はないかもしれない。しかし、そうした生活が続いて高齢になった時、大病を患い「あの時にこうしておけばよかった」と思っても遅いですよ、と。老後に向けた資産形成は、まさに「低空安定飛行」で問題を感じていない時から準備を開始し、「大病」を回避するすべであるということができます。

「私は高齢者の域に入っています。もう遅いでしょうか？」「子供たちにお金を残せるのか心配です」「資産運用・投資にはリスクもありますよね。やはり不安になってしまいます」。もちろん、世の中が変化し続ける以上、あらゆることにはリスクがつきまといます。しかし、私は**高い確率で老後生活に危機が生じると予測していながら、何も動かない方がリスクである**と思います。

物価が上昇すれば、上昇分を上回る所得増か、節約で対抗するしか手はありません。給与が上がらず、これ以上の節約も難しいとなれば、やはり上昇分に対抗し得る資産運用・投資で「お金に働いてもらう」ことが重要になります。2022年からの物価上昇は、「自分以外」に頑張ってもらう道を考える機会にもなっていると言えるでしょう。

政府・与党は2022年末の税制改正大綱で、2024年以降の少額投資非課税制度（NISA）拡充・恒久化の方針を決定しました。非課税期間が無期限となり、年間投資枠の上限引き上げと合わせて国民の資産形成を後押しする内容となっています。人生もリスクも人それぞれですが、動き出せるだけの「材料」はそろったと言えるでしょう。

第三章 「80歳の壁」を越えるための新常識　113

第四章　意外な盲点！「マネーの種」を見逃すな……167

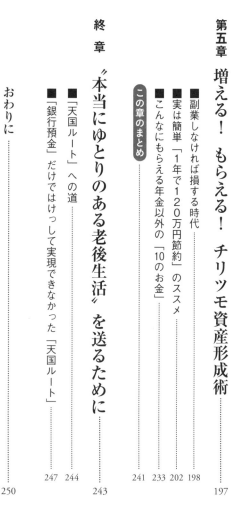

序章　ある一家の老後破綻

■老後資金2000万円、高齢夫妻の老後は破綻する！

国は2019年、「老後に2000万円が不足する」と指摘し、大批判を浴びました。年金暮らしをする夫65歳、妻60歳という世帯の老後には、生活資金が枯渇する危険があるというのです。世間が批判したのは「え、そんなに貯金が必要なのか」「年金はどうなっているんだ」などといった、「必要額のハードルが高すぎる」ことでした。しかし考えなければならないのは、逆に「老後は2000万円があれば安泰」と本当に言えるのかどうか、という点です。

早速シミュレーションしてみましょう。設定は金融庁のワーキンググループが用いた夫婦像と同様にします。

その他については「よくある家庭」とするために親や子供も登場します。高橋家の「太郎さん」65歳、「千里さん」60歳、この夫婦の設定は次の通りです。

・長男35歳、長女32歳との4人暮らし

・長男は35歳、長女は34歳で結婚
・孫は長男の家、長女の家とも２人ずつ誕生
・会社を定年退職した太郎さんは定年後65歳から無職
・千里さんは専業主婦（第３号被保険者）で老齢基礎年金は満額受給
・太郎さんが65歳時点の預金は退職金を含め２０００万円
・30年前に戸建て（建坪30坪）を購入し、住宅ローンは完済済み
・固定資産税を含む自宅の維持費は年20万円
・火災（地震含む）保険料は５年ごとに６万円
・千里さんの母親は１００歳まで異例の長生き

なお、月日とともに物価上昇も考えられますが、年金の「物価スライド制」によって上昇分が年金額に反映されるものとして試算することにします。

高橋太郎さん、千里さん夫婦は金融庁のワーキンググループが報告書で示した「老後

２０００万円問題」のことは知っていました。「私たちは現役時代に２０００万円を貯めたから安心できるわね」。太郎さんが定年まで勤め上げ、退職金を手にした千里さんに老後生活への不安はありません。仕事一筋ゆえにお金の管理を妻に任せっぱなしだった太郎さんも「『２０００万円あれば大丈夫だ』って国が太鼓判を押しているようなものだからな」と気にも留めていませんでした。よもや、貯金が底を突くなんて……。

新卒社会人として地元企業に入り、定年退職した太郎さんは退職金を含めて２０００万円を地方銀行に預け、シニアライフを楽しみにしていました。「普通預金の利息は手数料でなくなってしまうくらい低いけど、やっぱり安全が第一だ」。千里さんの65歳まで加給年金も支給され、国民年金（老齢基礎年金）や厚生年金と合わせた年金額は年１８０万円を超えます。千里さんが65歳を迎えた後は加給年金がなくなる一方で、年70万円超の基礎年金が加わり、夫婦で年２４０万円（月20万円）の年金収入となりました。

「投資なんて、お金持ちがやることだ。リスクを背負う必要なんてない」。**預金通帳で２０００万円という大きな数字を見るたびにほほ笑む太郎さんは、「資産運用＝リスク」という感覚を抱き、定年前から選択肢にありませんでした。**

33歳の時に購入した一戸建ては決して豪邸とは言えないものの、住宅ローンは完済済み。固定資産税などで維持費は年間20万円かかりますが、毎月の家賃負担もなく、安定した年金生活が送れるはずでした。「今年も赤字だったけど、貯金があるから大丈夫だ」。自らに言い聞かせるように太郎さんは庭で趣味の盆栽をいじります。

■老親の介護、自宅の修繕……。予期せぬ出費が老後資金を脅かす

しかし、日常生活費は年240万円程度で夫婦の年金収入と同じであるものの、その他の支出が膨らみ、口座残高が勢いよく減っていくことに千里さんは不安を抱き始めました。「ねえ、あなた何かおかしくないかしら……」。太郎さんが65歳の時に長男が結婚、67歳の時には長女も嫁ぎ、それぞれに結婚資金として100万円を渡しました。その翌年からは毎年のように孫が誕生し、誕生祝いも包みます。気がつけば、定年後の5年間で預金残高は1320万円にまで減少していました。

「でも、千里は65歳以降に自分の年金が毎年80万円近く入ってくるんだ。そこからは安

泰なはずだよ」。盆栽に没頭する太郎さんは約20年も乗り続けたクルマから中古車に買い替え、200万円をポンと出しました。「本当に国が言っていることを信じていいのよね？」。太郎さんが70歳の時、93歳になった千里さんの母親は介護が必要な状態となります。年間12万円の介護費を援助し、高齢者の仲間入りした自分たちの医療費も年12万～14万円程度かかるようになりました。**72歳を迎える前、2000万円あった貯金は半分以下になります。**

「旦那さん、もう築40年以上もたっているから雨漏りしていますよ」

太郎さんが75歳の時、自宅を建てた工務店の知人から勧められ、リフォームすることに。200万円の出費がさらに追い打ちをかけます。近所でも評判の長生きだった千里さんの母親は100歳で他界しましたが、相続できる遺産はありません。「お母さんの老後は賃貸で暮らしていたんだから仕方ないわよ。介護地獄にならなかっただけでも感謝しなきゃね」。平日にドライブしながら夫婦で買い物をすることを楽しむ千里さんは、食費の節約を始めます。

しかし、太郎さんが80歳を迎えた時にがんが見つかり、夫婦で14万円程度だった医療費・介護費は年57万円にまで膨らむことになりました。住宅改造や介護用ベッドなどの初期費用も74万円かかります。そして**ついに、太郎さんが82歳の時に預金が底を突き、赤字を垂れ流すようになりました。**「まだまだ医療費が必要なのに……」。夫には少しでも長く生きてほしいと願う一方で、それぞれの家庭を持つ子供たちから借金をしなければならない現実が千里さんの胸に突き刺さります。

　そうした心労も重なり、太郎さんは85歳で他界。しかし、「いつ死ぬか分からないのに、お金を払い続けるなんてもったいない」と言っていた太郎さんは生命保険に加入していませんでした。いくら近所や親族だけの小規模な葬式にしようと思っていても、定年までお世話になった会社の人を呼ばないわけにもいきません。結果的に葬儀費用は１５０万円、お墓にも２００万円かかりました。

　単身となった千里さんの日常生活費は年１４０万円に抑えられました。年金収入は年78万円に加えて、遺族年金の62万２０００円もあります。年間で１４０万円、月に11万７０００円ほどです。ただ、自宅の固定資産税といった維持費は変わらず、80歳となった千里さんの医療費も年８万円に膨らみます。84歳の時には「今度は水回りもやっておいた方がいいですよ」と言われ、リフォームに２００万円かかりました。

95歳からは自らの医療費がこれまでの２倍近い年間19万円となり、「お金がなければ十分な医療も受けられないのよね」と嘆く日々。子供たちからだけでは足りず、親戚からも工面してもらってきた借金は１００歳で他界した時、１５００万円を超えていました。**まさに典型的な「老後破綻」と言えます。**

この場合の遺産と言えるのは自宅だけです。ただ、不動産は売却するのに時間がかかり、現金化を急げば安く見積もられることになります。もちろん物件にもよりますが、１５００万円超を「返済」した後に残るものは多くないでしょう。売却してしまえば、子供たちが自力で家を購入しない限り、老後に賃貸生活を続ける「負のスパイラル」につながりかねません。

このシミュレーションを見ても、老後に「２０００万円あれば大丈夫」とはいかないことがお分かりになったことでしょう。毎月の生活で不足する分は働いて収入を増やすか、支出を削るしかありませんが、体力や気力が減退した後の高齢者に収入増の道は険しいと言えます。当然、節約にも限界があります。**「老後破綻」という悲惨な末路を迎**

えないためにも、将来の姿を具体的にイメージしながら、少しずつでも資産を増やす、減るのを遅らせるための対策を打つことが大切です。

まず、２つのグラフを比べてみてください。

ひとつは「地獄ルート」のシミュレーション。先に具体的に説明した高橋家典型的な「老後破綻」のグラフです。妻が80歳のときに、すべての資金が底をついています。もうひとつが「天国ルート」のシミュレーション。同じ元金でも適切な資産管理を行った例をグラフにしたもので、１００歳まで生きても資産はマイナスにならず、多少なりとも遺産を残せます。

もちろん遺産の有無や配偶者の死亡保険加入の有無などによって、状況は大きく変わりますが、預貯金だけに頼らない資産運用を行うことで「地獄行き」のリスクは減らせます。「天国ルート」に近づけるための様々な方法を、この本ではお伝えしていくつもりです。

妻60歳・夫65歳からの地獄ルートシミュレーション

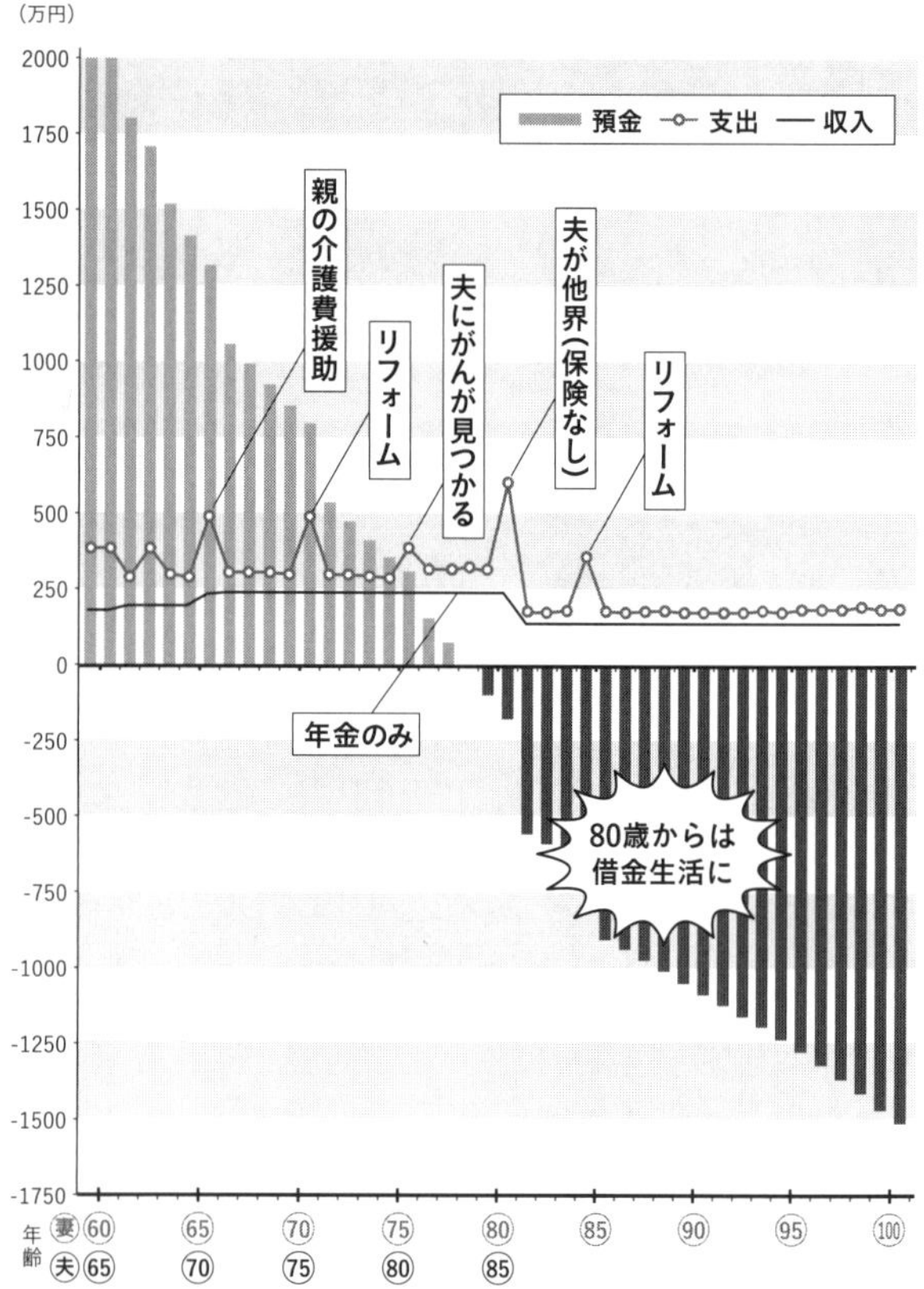

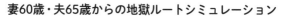

妻60歳・夫65歳からの天国ルートシミュレーション

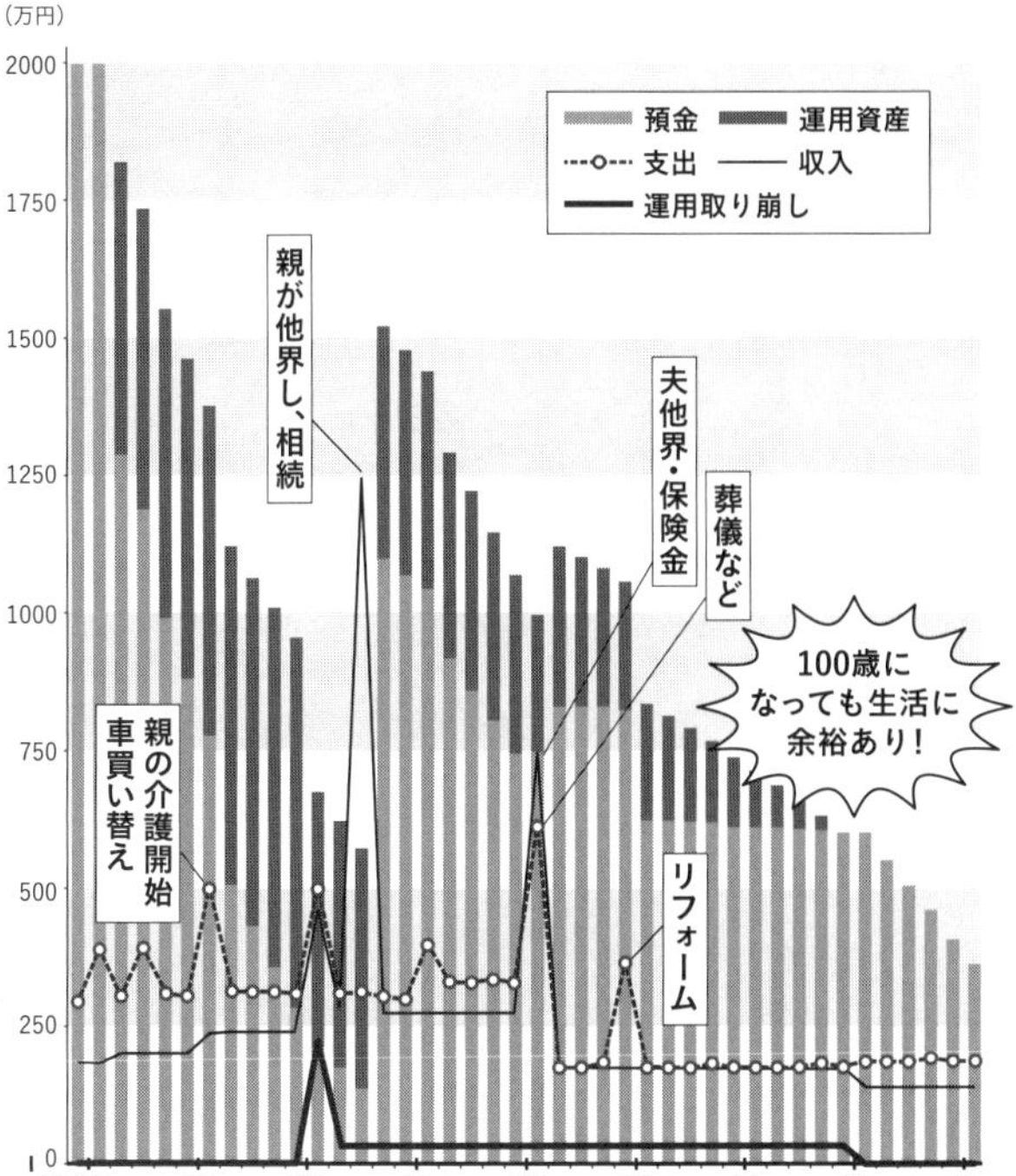

■老後破綻の状況を示す右のグラフは、遺産運用を行わず、相続した遺産も夫の死亡保険金もゼロだったために、80歳以降赤字が積み上がる一方になってしまったケースです。

■上のグラフは、堅実な資産運用を行い、さらに遺産相続額が1000万円、夫の死亡保険金が500万あったケースです。

■なお世帯主が60〜64歳（無職）の場合、生命保険金の平均額は約1100万円（生命保険文化センター「2021年度 ／生命保険に関する前項実態調査」）、また、この世代の相続遺産額は中央値で1600万円です（MUJF資産形成研究所「2020年／退職前後世代が経験した資産継承に関する実態調査」）。

第一章

「想定外」を想定した 人生100年時代のマネープラン

■これまでの常識が通用しない「令和の勝ち方」とは

2023年、100歳を迎えるのは大正12（1923）年生まれの人です。22年9月時点で100歳以上の人口総数は9万526人で、22年度に4万5000人超が百寿の仲間入りをしました。100歳以上の男性は1万人超、女性は8万人超。厚生労働省による調査開始時点（1963年）は153人だけでしたが、98年に1万人を突破後、2012年には5万人を超えるなど右肩上がりで「超シニア」が生まれています。まさに「人生100年時代」の到来です。

厚労省が2022年7月に発表した「簡易生命表」（2021年分）によると、男性の平均寿命は81・47歳、女性は87・57歳です。1955年は男性63・60歳、女性67・75歳。1990年は男性75・92歳、女性81・90歳。半世紀ほどで日本は世界トップクラスの長寿大国となり、その後も日本人の平均寿命は伸び続けています。

「それが何か？」と思うかもしれません。しかし、超高齢社会の到来をひとごとと考えていたら思わぬ誤算を招くことになります。長寿化はたしかに喜ばしいことです。しかし、日本の場合は新たな生命の誕生が減少し続け、少子高齢化が深刻な問題となっているのです。２０２１年の出生数は過去最少の約81万１０００人となり、22年は初めて80万人を下回りました。人口が1億人を下回るタイミングは推計されてきた53年よりも早まる可能性が高いとみられています。

長寿化の一方で少子化が進めば、年金や医療といった制度そのものが揺らぐことにつながります。社会保障制度は高齢者を現役世代が支える仕組みになっているからです。１９５０年は65歳以上の１人に対して12・１人の現役世代（15～64歳）がいました。しかし、高齢化率の上昇によって２０１５年には比率が現役世代２・３人となり、65年には１・３人で支えることになると推計されています。出生減が加速すれば、「支え手」はさらに少数になるでしょう。

その結果、年金や医療、介護などの社会保険料は負担増を強いられることになります。「国がやっていることだから大丈夫だよ」と思う人もいるかもしれません。しかし、社会保障制度は何度も時代に合うように変更されてきた歴史があるのです。

例えば、老後生活の柱となる公的年金は現在、原則65歳が受給開始年齢となっています。しかし、1941年に「労働者年金保険法」が制定された時の受給開始年齢は55歳（被保険者は男性のみ）でした。54年の厚生年金保険法改正に伴い受給開始年齢は60歳（女性は55歳）に変更され、その後の度重なる法改正を経て現在の原則65歳スタートになった経緯があります。将来的には、これが「68歳」や「70歳」に変更される可能性も指摘されている状況です。

高齢者を支える現役世代が減少すれば、年金受給額を減らすか、高齢者にも保険料などの負担増をお願いするしか方法はありません。現役世代の働き手が少なくなると、経済の成長力は下がり、生産性が上がらなければ国力衰退にもつながってしまいます。

いわば、日本の「現在地」は非常に厳しい分岐点なのです。1989年12月に株価が3万8957円という史上最高値をつけた時、日本企業の時価総額は世界で大きな存在感を放っていました。しかし、今や世界の時価総額ランキングで100位以内に入っている企業はトヨタ自動車の1社のみという寂しい現実があります。

日本人の平均年間給与は1992年に470万円を超えていました。しかし、2021年は3年ぶりに増加したものの、443万円と30年前と比べて約30万円も低くなっています。給与が上がらないどころか、逆に下がっているのです。「失われた30年」以来のデフレから抜け出せず、もはや輝かしい「日本の栄光」は昔の話と割り切るほかありません。

暗い話ばかりになってしまいましたが、**本書でお伝えしたい「老後の勝ち方」は、前提として「これまでの常識は通用しない」という視点に立って読んでいただく必要があります。**バブル経済の崩壊にいたるまで好調だった「日本の常識」から脱却し、令和時代の新しい考え方を持っていただく必要があるのです。

バブル景気に沸いていた１９９０年は、今よりも平均寿命が短い「人生80年時代」でした。その頃は預貯金の金利も高く、金融機関に15年ほど預けているだけで倍増するほどの利回りを記録していました。今では考えられないでしょう。

日銀はデフレ脱却に向けて大規模金融緩和政策を２０１３年から採用し、日本は空前の超低金利時代に突入しました。**普通預金の金利は０・００１％程度で、１０００万円を１年間預けても利息はたった１００円という時代です。**

厚労省が５年ごとに示す年金財政の現状と見通し（２０１９年）によれば、現役世代の手取り収入に対する年金給付の比率を示す「所得代替率」は61・7％となり、5年前の62・7％から低下しました。1989年は70％近かったのですが、この比率は2050年代には40％台にまで低下すると予想されています。

■準備開始は早ければ早いほどいい

下がっているのは給与や金利、所得代替率だけではありません。厚労省の「就労条件総合調査」（2018年）によれば、勤続35年以上の「大学・大学院卒」（管理・事務・技術職）の平均退職給付額は1997万円です。「勤続30〜34年」は1582万円、「25〜29年」は1216万円で、「勤続20年以上」で条件を満たす人の平均支給額は1788万円です。

しかし、この退職金も実は「右肩下がり」に低下してきています。同じ前提で2013年の調査と比較すると、「勤続35年以上」は2156万円だったので5年間で159万円も減っていることが分かります。「勤続20年以上」に絞ってみると、平均給付額の減少は老後不安を抱かせる深刻なものです。２０１３年の支給額は１９４１万円（18年はマイナス１５３万円）。さらに遡ると、２００８年は２３２３万円（同マイナス５３５万円）、２００３年は２４９９万円（同マイナス７１１万円）。１９９７年は２８７１万円でしたので、この約20年で実に１０００万円超も少なくなっています。

給与は上がらず、退職金は減り、社会保障は負担増となる。それが少子高齢化が進行し、政府が描くような経済成長をしない日本の現実です。繰り返しますが、かつての「成功体験」に浸り、人生80年時代と同じような「戦い方」をしていれば老後に勝つことはできません。「人生１００年時代」に対応できる新たな戦い方を理解し、それに備えていく必要があるのです。

大手銀行の預金金利が６〜７％もある時代は、老後に向けた資産運用の必要性はそれほど叫ばれていませんでした。１０００万円を預金すれば、年間70万円もの利息が手に入る時代。２０００万円ならば年１４０万円、３０００万円では年２１０万円です。給与は年功序列で上昇し、終身雇用制の下で定年まで勤務して退職金をガッポリもらうことができれば、悠々自適の生活を送ることができる夢のような時代だったのです。しかし、今日の状況は違います。

２０２２年に日本列島を襲った歴史的な円安水準と物価高・資源高の波は国民生活に大打撃を与え、新たな戦い方の必要性を痛感させるには十分な1年となりました。

新時代に求められているのは、平均寿命だけではなく、健康寿命を延ばすとともに「資産寿命」を延ばすことです。老後生活を安心して迎えるために、いつ、何を、どのようにすべきか。その解は準備が早いほど見つけやすく、老後の勝者となるための勝率アップにつながるはずです。

■マネーにも「勝ち筋」がある

「老後の勝ち方」を考える時に欠かせないのは「ビクトリーロード」を見つけることです。江戸時代の剣術の達人、松浦静山の剣術書にある「勝ちに不思議な勝ちあり　負けに不思議な負けなし」という一文は有名ですが、老後生活においても「不思議な負け」はありません。

老後に起業などで、予想以上の「大当たり」をつかみ、悠々自適の生活を手にした人もいるでしょうが、これは一握りの人が幸運に恵まれた「不思議な勝ち」です。「不思議」はめったに訪れないので、ほとんどの人は「負けない」ための戦い方をする必要があります。

では、どうすればいいのでしょう？　「負けない戦い方」には準備と計画、そして実行が欠かせませんが、具体的に最初にするべきことは、自分のライフプランをしっかりと描くことです。できるだけ早く将来の見通しを立てて、「老後リスクの見える化」を図りながら行動に移すことが大切です。

早いにこしたことはありませんが、60歳からでも70歳からでもライフプランはきちんと把握することが重要です。20代で描く70代よりも、60歳で描く80歳のほうがずっと具体的でリアルなものになりますから、そこから目をそらさないことです。

この本を読む人は「ライフプランニング」という言葉を聞いたことがあるのではないでしょうか。結婚や出産、子育てなど様々な人生のイベントを考えながら、何にどれくらいのお金が必要なのかを描き、準備する人生設計のことです。漠然と将来を考えているよりも、具体的な設計図を持っていれば、いつ、何を、どうすればいいのかをイメージしやすくなるのは言うまでもありません。

　ただ、ライフプランニングで対策を講じている人はまだ少ないのが実情です。ライフプラン実現をサポートするブロードマインド株式会社が２０２２年7月に実施した調査によると、78・４％の人がライフプランニングの重要性を感じているにもかかわらず、「未経験」の人は59・１％に上りました。

　ライフプランニングを実施しない理由のトップ３は「やり方が分からない・何からすればよいか分からないから」「やってもどうせ計画通りにならないから」「興味はあるが、やる機会がなかったから」という結果で、プランニングの方法や効果が知られていないために敬遠されていることがうかがえます。

　ただ、ライフプランニングを実施した人の感想では「やって効果・意味があった」が39・１％とトップで、現状認識のため「やってよかった」（55・６％）を合わせれば９割超がポジティブな意見を持っています。面白いのは、若年層ほど実施経験が多いということです。経験の有無を年代別に見ると、「20代」が48・９％で最も多く、「30代」

46・3%、「40代」37・7%、「50代」23・6%です。この調査は子供を持つ20〜55歳の男女が対象で、60代以降のデータは分かりませんが、若い人ほど将来のお金について考えるきっかけを得ていることは興味深い点であると言えるでしょう。

私がしばしば耳にするのは「ライフプランの作成って、お金持ちがすることでしょ?」というものです。資金に余裕がある人がどのようにお金を使い、運用していくのかを描くことがライフプランニングであると誤解している人が、少なからず存在するようです。

公益財団法人生命保険文化センターが2022年10月に発表した「生活保障に関する調査」(2022年度)によると、生活設計を立てない理由は「将来の見通しを立て難いから」が25・8%で、「経済的余裕がないから」も23・1%を占めています。たしかに調査時期の2022年4〜6月は新型コロナウイルスの感染拡大が3年目に入り、先行き不安が高まっていた影響もあるかもしれません。

ただ、生活設計を立てない理由の上位2つは2018年度の調査でも「経済的余裕がないから」(30・3%)、「将来の見通しを立て難いから」(28・3%)です。

しかし、ライフプランニングは富裕層が「節約」や「節税」の方法を考えるためのものではありません。様々なライフイベントを把握し、「将来の自分」を予測して必要となる資金計画を立てるための人生の設計図なのです。天災や戦争などを持ち出すまでもなく、「将来の見通し」を立てる上での不確定要素はいくつもありますが、確実なのは現在40歳の人は生きている限り、30年後には70歳となり、老後生活を送るということです。30歳で出産した人は48歳の時に子供が成人し、多くの人は自分が高齢者の仲間入りをする前後で親が最期を迎えるでしょう。

人生の歩みが一人ひとり異なるように、働き方や生活、年金受給額などによって設計図は大きく違ってきます。資金力に余裕が「ある」「ない」は関係なく、千差万別、一人ひとりにカスタマイズされたライフプランニングが存在することになります。**企業が事業計画を立てるように、人生にも事前計画が大切です。**不測の事態も想定しつつ、長期的な視野を持つための航海図を手に入れることが「老後の勝ち方」には欠かせないと言えます。

一般社団法人全国銀行協会によれば、日本人が一生に必要となる資金は約２億円とされています。一方、給与や公的年金などを合わせた収入の平均は約２億５０００万円。

数字だけを見れば、十分に賄えるように思えます。しかし、現実には結婚や出産・子育て、住宅・車の購入、レジャーなどに多くの支出が生じます。ライフステージごとに必要となる生活費も異なるでしょう。

さらに自分が病気やけがのため入院・手術をすれば医療費はかさみ、介護が必要になれば介護費用の負担も生じます。**日本には世界に冠たる国民皆保険、公的年金制度があるとはいえ、それだけで賄えるかと言えば、残念ながら答えは「NO」です。**若いうちは「備えなんていらない」「今が楽しければいい」と思っていたとしても、不安感に包まれた悲しい老後を迎えないためには、今しなければならないことがあります。まずは「設計図」を手に入れて自分の将来と向き合い、計画的に人生を歩む必要があるのです。

■自分だけの「資産の見える化」が必要

あなたが人生の設計図を描くとき、どのような出来事があるのか、お金はどれくらい必要になるのかを考えることになります。「老後の勝ち方」を考える場合、様々な想定を資産面から裏付ける「ライフプラン・シミュレーション」が欠かせません。家族構成や加齢とともに発生する子供の進学などのイベントと費用を時系列順にまとめたものが「ライフイベント表」となります。

各種統計で平均的なデータは知っていても、家庭の状況はそれぞれ異なります。そのため、**自分だけの「キャッシュフロー表」（年間収支を表にしたもの）と「ライフイベント表」を作成し、資産残高がどのように推移していくのか一目で分かりやすくしておけば、計画的な資産形成に役立つことになります。**

ライフプランニングを端的に表せば、将来にわたる収入と支出、貯蓄、ライフイベントを「見える化」することであると言えます。ステップとしては、まず「実現したいこと」をライフイベント表に書き出すことから始めます。「40歳の時、子供を私立中学校に進学させたい」「53歳でベンツを買いたい」といった目標や夢を記し、家族の年齢やライフイベントにかかる費用を付記していきます。ライフイベントを設定することで目標となる貯蓄額を把握することができます。

次に、将来の収支をまとめた「キャッシュフロー表」を作成します。これはライフイベントという設計図を裏付ける収支計画ということになります。ポイントは税金や社会保険料などを差し引いた「手取り収入」（可処分所得）で作成し、給与や資産運用の増減などは変動率で設定することです。自営業やフリーランスの人は事業収入のうち生活費、貯蓄に回せる額を記入するとよいでしょう。

キャッシュフロー表には「家族構成と年齢」「ライフイベント」「変動率」「収入」「支出」「年間収支」「貯蓄残高」を年ごとに記入していきます。収入欄には「給与収入」「その

ライフイベント表とキャッシュフロー表

この章で紹介したライフイベント表とキャッシュフロー表を実際に作ってみましょう。自分なりに工夫した表でかまいませんが、日本FP協会（※）が公開している表などをダウンロード、プリントして書き込んでみてもいいと思います。

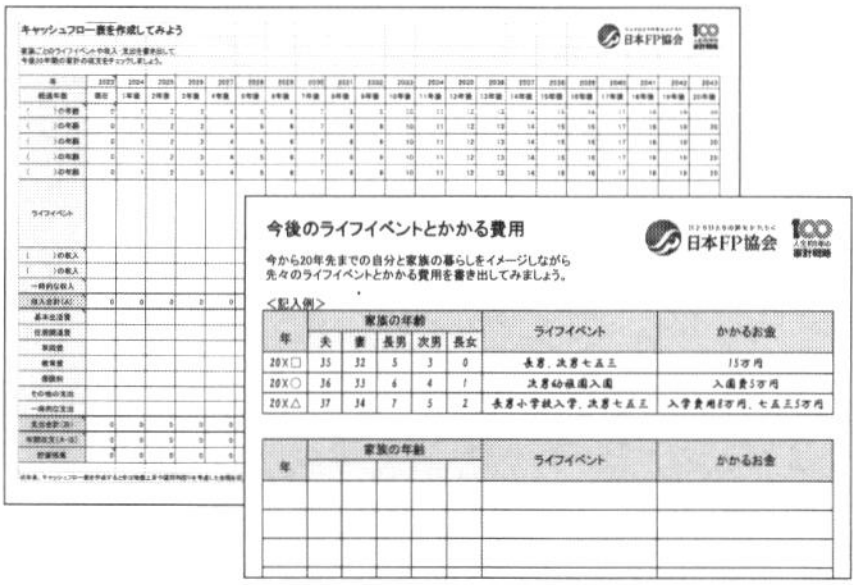

▲QRコード

https://www.jafp.or.jp/know/fp/sheet/

※NPO法人日本ファイナンシャル・プランナーズ協会

他の収入」「一時的な収入」を設け、支出欄は「生活費」「住居費」「教育費」「保険料」「その他の支出」「一時的な支出」と分けておけば、これまでを振り返ったり、将来を考えたりする際に分かりやすくなります。

ライフイベント表に記入した「出産」や「子供の入学」「子供の結婚」「住宅の購入」「マイカーの購入」「マイホームのリフォーム」「旅行」などを盛り込み、共働き夫婦の場合はそれぞれの収入に分けて記入します。出産に伴い育児休業を取得する場合は、その際の収入減も想定しておきましょう。ライフプラン関連の支出は「一時的な支出」、レジャー費などは「その他の支出」として書き込みます。

キャッシュフロー表が完成すれば、例えば夫婦が30歳で10年後にマイホームを購入したいという目標がある場合、その時までに資金は足りているのか否かが一目で分かります。不足しているようならば、資産運用にいくら割けば達成できそうなのか、あるいは妻（夫）がパートで働く、無駄な生活費を削る、マイホームをより安いものに変更するといった検討をしなければなりません。

夢や目標への設計図となる「ライフイベント表」と、それを裏付ける「キャッシュフロー表」を作成することで将来の資金計画を立てることができます。

もちろん、人生には予想外の出来事が起きて思わぬ出費が発生することがあります。「宝くじに当たった！」という予想外なら大歓迎ですが、残念ながら「予想外の出来事」というのは、大体が良くないことの方が多いものです。思わぬ病気や事故、災害だけではなく、転職や起業などによって予想より収入が減ってしまったりすることも十分あり得ます。そうしたときこそ、ライフプランは見直しましょう。目をそむけず冷静に見直してみてください。

時間がない、どうしていいかわからないという人は、一度ファイナンシャルプランナーに相談してみるのもいいと思います。

■年金受給年齢繰り下げ、医療費負担増……。必ず起きる想定外

さて、序章では「老後資金２０００万円があっという間に溶けてなくなった上、借金をする事態に陥った」という事例をご紹介しました。しかし読者の方の中には「そもそ

も2000万円を貯めることすらできないのに、ライフプランもへったくれもあるもんか」という方もいるでしょう。

働いて稼ぎも増えてきたはずなのに、貯蓄になかなか回らない人は少なくありません。金融機関の口座にはボーナスが振り込まれていたのに、いつの間にか残高が少なくなっていたという話もよく耳にします。

こうした悩みの多くは、**毎月の支出で何に、いくらかかっているのか十分に把握していないことが原因**で、ライフステージごとに生じる様々なイベントの費用を頭に入れず、クレジットカードなどを利用した場合は後に引き落とされるため、「あったはずのお金が消えた」と感じるのでしょう。月々の収支、生涯に必要な費用を理解しておくことは不安な老後を迎えないために欠かせません。

では、人生の様々なイベントにはどれくらいの費用がかかるのでしょうか。「人生の三大支出」と呼ばれる住宅資金、教育資金、老後資金について考えてみましょう。

まず、人生最大の買い物となる「住宅」は土地付き注文住宅を購入する場合、平均で約4400万円が必要です。新築マンションは約4500万円で、中古マンションでも約３０００万円の物件購入代金がかかります。この他にも不動産の登記費用や仲介手数料、住宅ローン手数料、火災保険料などが必要です。

次は「教育」です。子供がいる家庭は長期的に考えると大きな教育費が必要となります。幼稚園は3年間で公立は70万円、私立で１６０万円ほどになります。小学校（6年間）は公立１９０万円、私立９６０万円。中学校（3年間）は公立１５０万円、私立４２０万円、高校（3年間）は公立１４０万円、私立２９０万円が平均となっています。大学は国立大ならば約２４０万円で収まりますが、私立は文系で約４００万円、理系では約５４０万円が必要です。

幼稚園から大学まですべて国公立で進んだ場合は１０００万円弱ですが、習い事や学習塾などの学校外活動費を含めれば約１７５０万円が必要です。すべて私立ならば２２３０万〜２３７０万円に加えて、学校外活動費がかかります。

３つ目の「老後」については、夫婦2人でゆとりのある生活を送りたいならば毎月約38万円は必要となります。しかも、「住宅」「教育」と違って生きている限り毎月かかる支出です。老後までの貯蓄はいくらあるのか、公的年金はどれほどもらえるのか、退職金でどれくらい賄えるのか、などをできるだけ早い段階から考え、計画的に歩まなければ「貯蓄に回らない」「残高がいつの間にか少なくなっていた」という悩みは解消されないでしょう。

この他にも結婚費用が平均約400万円、住宅リフォーム資金約180万円、葬儀費用約120万円×人数分などが必要になってきます。収入という「入」の部分についてでは時給まで細かくチェックする人でも、「出」の部分である支出については大雑把にしか把握していないケースが見られます。特に「人生の三大支出」というような大きな費用は金銭感覚が麻痺してしまったり、見栄を張ってしまったりして必要以上のお金をかける人もいるので注意が必要です。

■老親の介護費か、子供の学費か……。究極の選択を迫られたケース

実際に相談に訪れた家族の例を紹介しましょう。80歳の父親を持つ兄妹は、がんで闘病中の父親には東京都内の自宅（土地と建物）しか遺産がないことに頭を抱えていまし

た。銀行口座の預金残高は約３００万円で、通院治療や介護費用で毎月減っていきます。元気だった頃にギャンブルが好きだったわけでも、酒に溺れていたわけでもありませんが、「貯蓄する」という意識がなかったのです。

死亡保険も医療保険にも未加入で、収入は老齢基礎年金と老齢厚生年金の月13万円ほど。自宅の光熱水費や固定資産税、マイカーの車検費用などもかさみ、老後生活に余裕はありませんでした。「要介護４」認定を受けたものの、一人暮らしの父親の介護費用は月10万円近くに上ります。

この兄妹は、末期がんと医師に診断された後の入院費用を2人の貯金から毎月10万円ほど支払っていましたが、それぞれ結婚し家庭があります。ともに40代で子供は２人。中学受験を控えて教育費が膨らんでいる時期でした。３カ月ほどの入院後に父親が最期を迎え、葬儀は家族葬で行いましたが、それでも葬儀費用は約１００万円。父親の預金残高からギリギリ払うことができたものの、今後は１０００万円近い相続税が待っています。兄妹は分納することを決断しましたが、下手をすれば子供の受験費用にも影響するほどの悲惨なケースでした。

最近は「終活」ブームもあり、自分が最期を迎えた時の医療費や介護費、葬儀費用などを準備している人も多くなってきましたが、「自分はまだ元気だから大丈夫」と考えて貯蓄を怠ってしまえば、残される家族の負担が増すことになります。もちろん、日々の生活費に窮してしまい、貯蓄をすることが難しい人もいるでしょう。その場合は、配偶者や子供と事前に話し合うことによって子供たちも費用を想定しておくことができます。

結局、この兄妹は相続税の負担を考えて教育ローンを利用することにしました。人生は計算通りにいかないことが多いですが、**ライフプランは「想定外」のリスクにいかに対応するのか、不測の事態にも対応できるよう設計図を描くことが要諦**となります。

「いざ」の時の話をすると、「縁起でもない」などと親の機嫌が悪くなってしまうという声をよく聞きます。しかし、入院や介護、葬儀の費用を誰が、どのように負担するのかを決めておくのは親の「最後の責任」と言えます。

財産分与の話だけでなく、必要となる費用の部分も家族で事前に話し合っておくことが、「相続」ならぬ「争族」、とならないためにも必要です。

■介護離職が1年で10万人という現実

親や配偶者が「要介護状態」になったとき、どうするか。元気だった家族が要介護認定されれば、精神的なダメージがとても大きいだけでなく、いざ自分が介護する立場になると肉体的な負担も決して小さくはありません。健康な時に意識する機会はなくても、家族がそうなった時、あるいは自分に介護が必要になった場合はどうするのか日頃から考えておくことも大切でしょう。

厚生労働省の「国民生活基礎調査」（2019年）によると、介護者（介護をしている人）の5割超は「同居の親族」となっています。配偶者は23・8％、子供は20・7％、子供の配偶者は7・5％です。「事業者」は12・1％にとどまっており、やはり介護が必要になった人は「身内」に頼りたい気持ちが強いことがうかがえます。

同居している主な介護者を見ると、「60〜69歳」は30・6％、「70〜79歳」が26・5％、さらに「80歳以上」も16・2％となっています。60歳以上で7割超を占めており、高齢者が介護する「老老介護」が進んでいることが分かります。

さらに働きながら介護をしている人は約6割に上っています。総務省が発表した「就業構造基本調査」(2017年)によると、介護をしている人は全国で約627万6000人も存在しています。そのうち、仕事を持っている人は約346万3000人で、「労働と介護」という2つの役割を同時に果たしていることになります。年齢層別に有職者の割合を見ると、「55〜59歳」の男性は87・8%が職を持っており、次いで「40〜49歳」(87・4%)、「50〜54歳」(87・0%)と続きます。女性は「40〜49歳」が68・2%を占め、次いで「50〜54歳」(67・5%)、「40歳未満」(66・1%)です。男性は定年間近、女性は働き盛りのタイミングが多いと言えます。

深刻な問題と言えるのは、この調査結果では1年間に「介護・看護」を理由に離職した人が約9万9000人に達していることです。仕事と介護の両立を目指したものの、その負担が重くのしかかり、いわゆる「介護離職」を迫られるケースが後を絶ちません。

介護費用の負担減や介護される人の安心感というメリットはありますが、介護離職に伴うダメージは想像以上に大きなものとなります。まず、離職すれば収入源を絶たれるということです。前職よりも勤務日数や時間が少ないところに転職したとしても、収入は以前より減少することが多いはずです。

先述の通り、男性は50代、女性も働き盛りの年齢で介護することが多くなっていますが、この時期は人生の中で給与が高くなるタイミングと重なります。子供の教育費や住宅ローンの返済など支出も多く、いよいよ老後のための資産形成に向けてラストスパートをかける段階で収入が激減すれば、家計の困窮リスクや老後不安は高まることになります。

また、定年前に離職するということは、退職金が減るだけではなく、老後生活を支える年金の受給額にもマイナスの影響をもたらします。厚生年金の加入期間が短くなり、離職しなければもらえたはずの年金額が減ってしまうリスクがあるのです。言うまでもなく、年金は生きている限り一生涯もらえるものです。しかし受給額が少なくなれば、老後の生活レベルを見直さなければなりません。下手をすると、年金だけでは生活が苦しくなり、自分の子供や孫に負担をお願いするという「負のスパイラル」に突入することになります。

「三菱ＵＦＪリサーチ&コンサルティング」が40代、50代の介護離職を経験した人に調査（２０１２年度）したところ、介護離職者の再就職先は「正社員」が約5割にとどまり、４人に１人は無職の状態にあることが分かりました。これは単なる収入減という言葉では済まされず、自分の「老後破綻」リスクを高める可能性があると言わざるを得ません。

国は育児・介護休業法で介護休業・休暇制度を設け、企業も介護と仕事の両立に向けたサポートを導入しています。しかし、総務省の「就業構造基本調査」（２０１７年）などによれば、介護している労働者のうち、介護休業や介護休暇などの制度を利用した人は15％程度と少ないままです。つまり、利用できる制度を使わないまま辞職を決断してしまう人が多いのです。

国の介護休業給付金はハローワークに申請すれば、給付前の賃金の67％相当の給付金をもらうことができます。雇用主に申請すれば最大通算93日の介護休業も取得可能で、事業者は短時間勤務やフレックスタイム制度、始業・終業時間の繰り上げや繰り下げのいずれかの対応をする必要があります。

もちろん、長い介護期間を考えれば、いつまでも介護休業・休暇でしのぐことは現実的に難しいかもしれませんが、介護は誰にでも、どの家庭でも生じ得ることです。介護サービスや制度・サポートを活用しつつ、自らの老後生活や子供たちの将来も考えながら計画的に対応する必要があり、「人生100年時代」には親や配偶者の介護も想定したライフプランが求められています。

■政治の都合で個人のライフプランに影響が

ライフプランを揺るがすのは、介護や病気といった個人の身に降りかかる事態だけではありません。

2022年12月、岸田文雄首相が目指す防衛費倍増の財源として法人税、たばこ税などの増税が決まりました。首相は「今を生きるわれわれの責任」として防衛増税に踏み切ったわけですが、その賛否はともかく、年末のタイミングで与党・自民党国会議員や閣僚の議論が紛糾する光景に驚かれた人もいるでしょう。予算案を担保する与党税制改正大綱は12月に決定されるのが常とはいえ、唐突に打ち出された企業や国民生活を直撃する増税プランが短期間のうちに決められたことに、違和感を覚えた人も少なくないのではないでしょうか。

しかし、今後も考えておかなければならないのは「税制や制度というものは常に変わり得る」ということです。少額投資非課税制度（NISA）の拡充・恒久化のように国民にとってはメリットがある改正も行われますが、防衛増税のように負担が増加することもあります。「以前は違ったのに」と言ったところで国が変更したのであれば、社会の構成員である私たちはそれに対応していかなければなりません。

特に、高齢者の人はニュースを注意深く追っていく必要があります。岸田政権は医療や介護の制度見直しを進めており、高齢者の負担は増加していく可能性があります。首相が目指す「全世代型社会保障」とは、簡単に言えば、シニア世代にも応分の負担をしてもらい、世代を問わずに給付を充実させていこうというものです。こうした議論は安倍晋三政権時代の「社会保障制度改革国民会議」からのものですが、国民の認知度は決して高くはありません。

子育て支援など現役世代への給付を広げることを目指す岸田首相は「すべての世代で

医療・介護費を公平に支え合う仕組みを強化する」としています。妊娠・出産時に計10万円相当の「出産・子育て応援給付金」など現役世代の給付策を設ける一方で、厚生労働省は22年12月9日、75歳以上の人が加入する後期高齢者医療制度で2024年度の年間保険料が1人当たり平均5000円以上増えるとの試算を示しています。

高齢者の負担増で言えば、22年10月に後期高齢者の医療費窓口負担が1割から2割（一定以上所得のある人）に引き上げられたばかりです。また、介護保険でも利用者負担の引き上げが検討されることになりました。たとえ、毎月かかる支出額を計算し、老後生活に備えてきたとしても、物価高・資源高・円安の影響は避けられない上、国の税制や制度が変わることによって負担増を強いられることもある点は理解しておく必要があります。

シニアの生活を支える年金も例外ではありません。22年度の公的年金支給額は21年度に比べて0・4％減額となりました。年金支給額は毎年4月に物価や賃金の変動に応じて改定されるのですが、22年度の改定で減額になった理由は新型コロナウイルス感染拡大に伴い現役世代の賃金が下がったことを反映したからです。

減額改定になった結果、標準世帯の年金支給額（夫婦の国民年金プラス夫の厚生年金）は月額22万4 9 6円から21万9 5 9 3円に減りました。1年間で1万8 3 6円の減少です。「昔はそんなことはなかった」と思う人はいるかもしれませんが、年金改定は以前から行われています。ちなみに標準世帯の年金支給額は１９９９年度に月額23万８１３５円でしたので、月に1万８５４２円も減ったことになります。

国民だけでなく、企業の負担も増加します。厚生労働省は23年４月から雇用保険料率を０・２％引き上げ、改定後は賃金の０・８％に保険料率が変更されることになりました。もちろん、掛け金を払っている労働者の負担も増すことを意味します。一部の企業には防衛費倍増に伴う法人税の上乗せ分も加わりますので、経営層は大変です。

年金で言えば、現在、国民は60～75歳の間で受給開始時期を選ぶことができます。しかし、受給開始年齢はかつて「55歳」であり、その後に変更が繰り返されてきた経緯があります。今後の変更はないと安心していたら、思わぬライフプランの修正を迫られることになるでしょう。「原則68歳」「70歳から」という時代が来るかもしれません。

よく相談があるのは「原則65歳」となっている今の年金受給開始を繰り上げすべきか、

繰り下げすべきか、というものです。詳しくは次項で解説しますが、受給額が増える繰り下げを選択した場合でも制度を知らなければ損をするケースも見られます。

例えば、70歳から受給開始すれば住民税非課税世帯となり、「年金生活者支援給付金」を受けられる可能性がありますが、75歳まで繰り下げて年金受給額が増えると「非課税世帯」にはならず、課税されるというものです。非課税世帯となれば各種保険料も軽減されるので、事前に自治体での確認をオススメします。

一方、「繰り上げ」の場合も注意が必要です。例えば、夫が10年以上国民年金に加入し、10年以上継続して婚姻関係にある場合（事実上の婚姻関係を含む）には、亡くなった夫に生計を維持されていた妻が60歳から65歳になるまでの間、「寡婦年金」を受け取ることができます。年金額は夫の第1号被保険者期間だけで計算した老齢基礎年金額の4分の3の額です。しかし、妻が「繰り上げ」支給の老齢基礎年金を受けてしまえば寡婦年金はもらえなくなります。

先に記した通り、国の税制や制度は常に変わる可能性があります。シニアだけでなく、現役世代にも負担増となる変更があるため、日頃からニュースをチェックし、必要ならば自治体の担当課に確認しましょう。

■年金受給年齢繰り下げは損か得か

では公的年金は、いつから受給すべきなのか。これは老後生活を考える上で大きなポイントと言えます。老齢年金は原則65歳から受け取ることができますが、「老後の生活費が足りないかもしれない」と不安を持つ人は**最大75歳（1952年4月2日以降に生まれた人）まで受給開始を延ばすことが可能で、繰り下げた月数に応じて0・7％の増額率を得ることができる**からです。逆に「長生きできる自信がないから早くもらいたい」という人は60歳まで繰り上げることができます。繰り上げ受給した場合の減額率は0・4％（1962年4月2日以降生まれの人）となります。

厚生労働省の「厚生年金保険・国民年金事業年報」（2020年度）によると、繰り上げ受給を選択した人は「国民年金」が26・1％、「厚生年金」で0・5％になっています。一方、繰り下げ受給を選択した人は「国民年金」1・8％、「厚生年金」1・0

%です。やはり、「年金は65歳から」というイメージが強く、どちらも少ない実態が浮かび上がります。

ただ、**繰り下げ受給のメリットは少なくありません**。1952年4月1日以前に生まれた人は最大70歳までの繰り下げになるため増額率は最大42%ですが、2022年4月以降に70歳を迎える人は1952年4月2日以降に生まれた人ですので、開始時期を最大75歳まで延ばすことができます。**増額率は「繰り下げた月数×0・7%」で計算されるので最大84%となります。**

65歳で年額60万円の老齢基礎年金を受け取れる人が「70歳0カ月」に繰り下げ受給するケースを見てみましょう。増額率は42・0%になりますので、年金額は85万2000円に増え、月額は7万1000円を受け取ることができます。最大の「75歳0カ月」の場合は110万4000円（月額9万2000円）となります。老齢基礎年金（国民年金）の平均受給額は約5万6000円ですので、開始時期を遅らせるだけで受け取れる額が増えるのは大きなメリットと言えます。

標準的な夫婦の厚生年金受給額（約22万円）で見れば、たとえ「66歳0カ月」まで1

老齢基礎年金の繰り上げ・繰り下げによる増減は？

（1962年4月1日以降生まれ、65歳で月額受給額が5万円の人の場合）

受け取り開始年齢	受け取れる年額
60歳	45万6000円
65歳	60万円
66歳	65万円
70歳	85万2000円
75歳	110万4000円

年間繰り下げしただけでも、増額率は8・4%ですので年間22万円が増額されることになります。繰り下げ受給する人はまだ少ないのが現状ですが、2021年4月に改正高年齢者雇用安定法が施行され、企業には希望者に70歳までの就業を確保する努力義務が課せられました。70歳まで働いて**「71歳0カ月」から受給すれば、年間133万円の増額**ですので老後生活におけるプラスは大きいでしょう。

定年年齢の引き上げによって今後は繰り下げ受給する人が増えると考えられています。

繰り下げ受給のデメリットとしては、65歳から受け取った場合と比べて、早く亡くなった場合には受給総額が少なくなってしまうことです。「損益分岐点」の目安は11年10カ月で、70歳まで繰り下げ受給した人は81歳以上になれば65歳から受け取り開始した場合と比べて受給総額が上回ります。75歳に繰り下げるケースは86歳以上となります。

日本人の平均寿命（２０２１年）は男性81・47歳、女性は87・57歳です。年金受給額はスタートすれば生涯変わりませんので、平均以上に生きることが大切です。

一方、「繰り上げ受給」の場合はどうでしょう。２０２２年４月から繰り上げた場合の減額率は１９６２年４月２日以降生まれの人に限り、１カ月当たり０・４％に変わりました。これより前に生まれた人の減額率は０・５％です。

１９６２年４月２日以降に生まれた人は、先ほどのケース（65歳で年額60万円）の老齢基礎年金を受け取れる人が「60歳０カ月」に受給開始を早めた場合は、減額率が24・０％となりますので年額45万６０００円（76％分）となります。月額は３万８０００円です。ちなみに繰り上げ請求後の取り消しはできないので、一度決まった年金額は一生続くことになります。

自営業などの夫（第１号被保険者）が国民年金保険料を10年以上納付し、かつ婚姻期間が10年以上ある妻は、夫が死亡した場合に60歳から65歳になるまで「寡婦年金」を受け取ることが可能になります。ただ、繰り上げ受給した場合は寡婦年金を受給することはできません。遺族年金や障害年金も65歳になるまで併給できず、老齢基礎年金とのいずれかを選択することになります。

いつから年金を受給すべきなのかは、それぞれの事情によって異なるでしょう。ただ、国民年金加入のみの人でも75歳まで繰り下げることができれば、月額は10万円近くになります。厚生年金の受給額（モデル世帯）は71歳からに遅らせるだけでも月額11万円のプラスです。受給額が増えれば税金や社会保険料の負担も大きくなりますが、**「原則65歳」にこだわらずに繰り下げ受給できれば、老後の生活に余裕が生まれるのは間違いない**と言えるでしょう。

この章のまとめ

- 令和の時代に、昭和・平成型の貯蓄一辺倒の資産形成は通用しない。
- いくら入り、いくら出ていくのか、ライフプラン・シミュレーションで生涯にわたる「資産の見える化」が重要！
- 自身の病気や介護離職など、想定外に備えるためには余裕ある資産形成を。
- 政治の都合で状況は変わる。年金支給額も例外ではない。
- 年金の繰り下げ受給はお得、ただし、「長生き」が必須条件。

第二章　手元の預金にしっかり働いてもらう方法

■「令和の勝ち筋」を知るための新常識とは

かつて、貯金は「美徳」とされていました。コツコツと働き、手にした所得は金融機関の口座に預け入れるのが正しく、「浪費は悪」「投資は卑しい」という価値観がいつの間にか浸透してきたように思います。そのため国のトップである内閣総理大臣が「貯蓄から投資へ」と旗を振っても、なかなか前に進まない背景にあると言えるでしょう。

しかし、**今や預貯金に貯めているだけでは「バカを見る」時代に入っているのは間違いありません。その理由は単に金融機関の口座に貯めていっても、お金が増えることはほぼないからです。**前述したように、超低金利時代にある今日、メガバンクの普通預金の利息は0・001％です。30年前であれば、6～7％程度の預金金利が付いていたため「預貯金＝資産形成にプラス」という計算が成り立ちましたが、現在は1000万円を預けても1年で100円の利息しか付きません。もはや、利息が加算されたのか気がつかないほどのレベルでしょう。

たしかに普通預金は元本保証された貯蓄方法であり、リスクを取りたくない、もう資産形成する必要がない人にとっては都合がいいかもしれません。預金は金融機関が破綻しても預金保険機構によって1000万円まで保護され、「いざ」というときにいつでも引き出せる流動性の高さも特徴に挙げられます。

ただ、物価が上昇するインフレが生じれば、保有する金額は変わらなくても実質的にお金の価値は下がります。長らくデフレ経済に悩まされてきた日本においては考えにくいことですが、2022年に米国や欧州の中央銀行がインフレ退治に躍起になったように、物価上昇によってモノやサービスの価格が上昇すれば、それまで100円で買うことができたモノが100円玉を2枚出さなければ購入できないという状況になり得るのです。**経済の状況によって「お金の価値は変わる」**ということは認識しておかなければなりません。

では、普通預金よりも金利が高い「定期預金」はどうでしょう。期日（満期）まで原則引き出しができない代わりに多くの利息がもらえるため、以前は好評でした。しかし、現在のメガバンクの定期預金の金利は0・002％しかありません。**1000万円を1年間預けても200円の利息しか受け取れない**のです。途中解約することもできますが、通常は金利がかなり下がり、預金を引き出すときの手数料も重しとなります。

インターネット銀行や地方銀行、信用金庫などにはメガバンクよりも高い金利を付けているところもあります。しかし、それでも0・30％ほど。とても資産形成に有効になるとは言えません。下手をすれば、引き出し手数料が利息分を上回るということもあります。

金融広報中央委員会の「家計の金融行動に関する世論調査」（2021年）によれば、2人以上世帯の金融資産保有額は平均1563万円（中央値は450万円）となっています。金融商品別の構成を見ると、「預貯金」は43％。

金融庁の「金融レポート」を見ると16年は約55％、12年は約57％で、依然として「預貯金＝良い」という意識が高いことがうかがえます。

米国では配当やキャピタルゲイン（売買差益）による所得が家計の3分の1程度を占めていると言われています。もはや自らの収入の一部を成すものであり、「投資＝善」という意識も強いことが分かります。これに対して、日本は銀行を通じた資産運用である「間接金融」への意識がまだまだ高いと言えます。

２０２２年５月、岸田文雄首相は英国の金融街シティでの講演で「Invest in Kishida!」（岸田に投資を）と呼び掛けました。これは「貯蓄から投資へ」という流れを生み出し、個人の資産所得向上と企業への資金供給、資本市場の活性化という好循環を狙ったものです。しかし、このスローガンは20年以上も前に当時の小泉純一郎首相がすでに唱えていたものでした。01年に閣議決定された「骨太の方針」には、「従来の預貯金中心の貯蓄優遇から、株式投資などの投資優遇への金融のあり方の切り替え」が明記され、その後に金融・証券税制が見直されてきました。

しかし、そうした国の動きにもかかわらず、「投資」への流れは加速しませんでした。その理由には、やはり**「リスクテイク＝自己責任」への忌避感があった**と思われます。バブル経済の崩壊で日本は「失われた30年」と呼ばれるほどの不景気を経験したこともありますが、08年のリーマン・ショックや11年の東日本大震災、20年からの新型コロナウイルス感染拡大などをにらめば、「リスクは取りたくない」という気持ちも分かります。

加えて、真面目にコツコツと働いていれば、給与は上がり、職も失わないという「終身雇用」「年功序列」の日本型雇用システムがリスクテイクを遠ざける要因となっていた点もあるでしょう。そして、たとえ資産形成をしていなくても、退職金を手にすれば公的年金と合わせて老後の生活は安泰という「日本的常識」が、投資との距離を生んでいたとも言えます。

ただ、今の日本では給与は上がらず、もらえる退職金は減り続け、社会保障関連の負担増ものし掛かっています。もちろん、いつでも引き出せる自由度の高い「普通預金」は、病気やケガ、失業などの際に大切な役割を果たしますが、**超低金利時代にある現在は、投資によって「お金を働かせる」時代である**と言えます。お金は預貯金で「眠らせず」、資産形成に向けて「動かす」必要があるのです。いざというときに使う以外の余剰分は投資に回すという意識の転換が「老後の勝ち方」にはまず必要になります。

ほったらかしでもこんなに大きい！　運用の複利効果

では、あなたは資産運用するときに何を重視するでしょうか。まずは株式や投資信託で増やしていくのか、外貨で為替差益を狙うのか、あるいはＦＸ（外国為替証拠金取

100万円の運用、単利と複利でこんなに違う！

（年利5％）

	単利の場合	複利の場合
5年後	125万円	127万6282円
10年後	150万円	162万2890円
20年後	200万円	265万3298円

引）、暗号資産（仮想通貨）にまで手を出すのか。スタート地点から投資の種類で頭を抱えてしまう人もいるかもしれません。しかし、**「お金を増やす」ことを考えるならば、頭に入れておかなければいけないのは「利率」です。**これはどうすれば効率良く、お金を増やしていけるかに直結する重要なポイントです。

　最初に知るべきは「単利」と「複利」の違いです。「単利」とは最初に預けた時点の元本だけを対象に利息を計算する方法です。預け入れの全期間を通じて元本のみに利息が付くため、途中で発生した利息によって運用額が増えたとしても利息は決まった額になります。

　もうひとつの「複利」は、元本に付いた利息が「新しい元本」となり、次の期は組み入れられた「新しい元本」に利息が付く計算方法です。元本が固定される「単利」に比べて利息の額は雪だるま式に増えていくため、株式や投資信託といった長期運用で効果を発揮します。

　例えば、１００万円を金利２％（年利）で運用した場合、「単利」でも「複利」でも1年後のお金は利子２万円を含めて「１０２万円」です。しかし、２年後以降は異なります。「単利」は毎年２万円の利子が付くので２年後は「１０２万円プラス利子２万円の計１０４万円」になりますが、「複利」の場合は1年目の利子２万円にも利子が付くため「１０４万４００円」となるのです。

「えっ！　その程度しか変わらないの？」と思う人がいるかもしれませんが、年率10％で元本が１００万円の場合、「単利」であれば1年後に１１０万円となり、毎年10万円が増えていって10年後には2倍の「２００万円」となります。利息分は１００万円です。

　しかし、「複利」の場合は2年後から「元本プラス利息」を対象に計算されることになるため、10年後は「２５９万円」となります。先ほども触れましたが、**元本が大きく、投資期間が長くなればなるほど「単利」と「複利」の受け取れる総額は開いていく**ことになります。短期間だけの運用であれば「単利」でいいかもしれませんが、中長期であれば「複利」の方が効果的に運用することができます。

複利効果を活かすポイント

●投資信託の分配金は「受け取り型」と「再投資型」の2種類がある
●「受け取り型」は運用で得られた利益を定期的に現金で受け取ることが可能だが、複利効果はなくなる
●「再投資型」は、分配金を現金にせず同じ投資信託に回すので、長期間運用で複利効果がどんどん大きくなる
●長期運用なら「再投資型」の投資信託を選ぼう

皆さんは「72の法則」というものをご存じでしょうか。複利で運用した場合に元手の資金が2倍になる期間を計算する算式です。計算式は「72÷金利」で簡単に分かります。例えば、金利5％で複利運用すると約14年で元手が2倍になります。これは2倍に増やしたいときの金利を求める際にも活用できるので便利です。例えば、10年間で2倍にし

100万円を預貯金のみで貯蓄した場合と、全額投資に回した場合の違いは？

投資開始年齢	投資金額	全額預貯金（0.001％の場合）	全額投資（5％の場合）
22歳	100万円	62歳で100万400円	62歳で700万円
50歳	100万円	70歳で100万200円	70歳で265万3000円
60歳	100万円	80歳で100万200円	80歳で265万3000円

たい場合は「72÷10年」で計算します。すると、約７％の金利で運用することが必要だと分かるのです。

なお「単利」の場合には「１００の法則」を用います。こちらは「単利」で運用する場合に２倍となる期間を計算するためのものです。計算式は「１００÷金利」で、単利５％で運用する場合は元本が２倍になるまで20年かかることを意味します。

元本を年利５％で運用した場合、「単利」に比べて「複利」では利益が15年で１・２倍程度、40年では２倍超になります。実際に計算してみると分かりますが、複利運用の場合の元利合計は20年間で２・５倍超、40年間で

7倍以上に増えることになります。新卒社会人（22歳と想定）の人が100万円を運用していれば、42歳の時に250万円以上となり、定年が迫ってくる62歳の時には700万円を超えることになります。

「22歳の時に100万円も投資に回すだけのお金はないよ」と言うかもしれませんが、お年玉や小遣い、大学生時代のアルバイトなどでコツコツと貯め、祖父母や親から就職祝いをもらって100万円を運用に回すことができれば、老後を迎える前に700万円もの資産を持つことができます。

もちろん、資産運用は若年層に限られたものではありません。例えば、**50歳の人が100万円を運用しても、70歳の時に250万円超を得ることができます。60歳であれば、80歳の時点で250万円超です。**通常は年齢が上がれば上がるほど給与は上昇し、預貯金も多くなります。元本を100万円ではなく、300万円や500万円、あるいは1000万円とすれば、大きな複利効果を得られることになるでしょう。

■投資と「配当カレンダー」で利益が第二の年金収入になる

「お金に働いてもらう、と言うけれど、投資すれば必ず増えるとは限らないんじゃないの？　だったら金利は低くてもコツコツ貯める方が間違いがないのでは？」

こういう考えをお持ちの方も、まだまだ少なくありません。たしかに、投資で元本割れするリスクを抱えるのですから、資産が減ることなく増えることが大前提になると思います。要は「もうける」ことが最大の目標でしょう。資産運用には株式投資や投資信託、不動産投資など様々ありますが、基本的には投資から得られる利益を効率良く最大化させることがポイントになります。では、どのようにすれば「最大化」が狙えるのでしょうか。

投資から得られる利益には、資産の売却によって得られる「キャピタルゲイン」と、資産を持っていることで入る「インカムゲイン」があります。不動産や株式であればキャピタルゲインは売却した際の購入時との差益、インカムゲインは家賃収入や配当を指します。キャピタルゲインは時に大きな売却益を得ることができますが、売ってしまえば利益は一度のみ。しかし、インカムゲインは短期的な値動きに左右されず、安定的に利益を得ていくことが可能と言えます。

株式投資による「最大化」を考えてみましょう。「株」に投資すると言えば、毎日のニュースや株価が気になり、本当に値上がり益が得られるのかとナーバスになってしまう人がいます。短期売買を繰り返すデイトレーダーのような投資手法を考えるのであれば構いませんが、中長期で安定的な資産運用をするのであれば、基本的には日々の値動きに動揺しない**「ほったらかし投資」**の方が向いていると言えます。

その理由は、先に触れたキャピタルゲインとインカムゲインの関係にあります。キャピタルゲインを得るためには、当然ながら値上がり益を追求していくことになります。しかし、インカムゲインは「保有している」ことによって入るものです。利益の「最大化」を目指すのであれば両方を得る必要がありますが、ナーバスになって値下がり時に慌てて売却してしまうと、思わぬ損をすることになりかねないのです。

ポイントは「権利」にあります。株式投資のインカムゲインである配当を得るためには「権利確定日」の把握が欠かせません。この日より2営業日前の「権利付最終日」までに株を買っておく必要があり、一般的に配当をもらえるのは権利確定日の2〜3カ月後になります。短期的な売却益だけを狙うのであれば必要がないかもしれませんが、中長期的で投資による利益の最大化を目指すのであれば、企業によって異なる2つの重要な日を頭に入れておかなければなりません。しかも、日本株の場合は一般的に年間1〜4回も配当があります。

もうお分かりになった人もいるでしょう。**インカムゲインの「最大化」とは、企業によって異なる配当が受け取れる時期をうまく組み合わせ、「年金」のように毎月の定期収入を得ることを意味します。** 月ごとに権利が確定する高配当株を組み合わせれば、念願の「配当生活」を送ることも可能と言えます。配当だけではなく、それぞれの株主優待の権利も得られるため権利確定日を意識せず、拙速に売却することは損をする可能性があるのです。

年間にわたって配当などの権利を狙う「カレンダー投資」の要諦は、リスクを減らすことにあります。基本姿勢はボラティリティー（変動率）が低いもの選び、高配当株を厳選していくことです。配当利回りと優待利回りを加味した「総合利回り」を考えましょう。そして、権利確定日などを記入した「配当カレンダー」を作成し、月ごとの配当見込みを整理しておくとよいでしょう。リスクヘッジのためには銘柄の業種を分散することが欠かせません。権利確定日が少ない月もありますので、しっかりと計画を立てて投資することが重要です。

実際に「カレンダー投資」をスタートしたら、企業業績やニュースなどのチェックはしていくものの、**よほどのことがない限りは「ほったらかし」でいいと思います**。後は配当や優待を受け取りつつ、売却益のチャンスを待つだけというわけです。もちろん、株価が安い時期に買うことができればキャピタルゲインも期待することができます。投資する際は細心の注意を払い、その後はチェックを怠らないものの、基本は「ほったらかし」。これが配当生活を送る上では大切なポイントと言えるでしょう。

もちろん、価値が変動する金融商品への投資に「絶対」はありません。価格下落や配当金の減額・廃止もあり得ます。慣れないうちは一気に攻めるような投資は控え、余裕資金を動かすことから始めるといいと思います。

株式投資の利益はキャピタルゲインが大きいのですが、配当や優待といったインカムゲインもうまく組み合わせることができれば、得られるものは決して小さくはありません。「お金を働かせる」ことによって得られる不労所得を最大化していくことが「老後の勝ち方」には重要になります。

■いくらあれば、どの程度の運用ができるのか？ 貯蓄額別シミュレーション

では、ここで質問です。「今、あなたはどれくらいの貯蓄があり、どれくらいのお金に『働いて』もらうことができるでしょうか？」。即答できる人は資産を計画的に運用しているか、あるいは全然持っていない人が多いでしょう。ちょっと考えても思い浮かばない人は、もう少し自分の資産に関心を持つ必要があります。日本人にとって「貯蓄」することは美徳とも言えましたが、実は自らがどれほど保有しているのか分からない人が少なくありません。月々の生活費や教育費といった「フロー」には関心が強くても、資産全体でいくら保有しているのかという「ストック」は知らない人が多いのです。

しかし、老後生活を考えれば「ストック」を動かし、「フロー」へと流れを変えていくことが重要になります。そして、毎月・毎年の「フロー」を確保しつつ「ストック」を増やしていくのです。要するに資産運用によって「お金を働かせる」ことが大切になります。もちろん、毎月の生活が厳しくて貯蓄なんてする余裕がないという人も少なくありません。しかし、不必要な支出を抑えれば少しずつであっても「ストック」を生み出すことは可能です。

まずは「10万円」を貯めてみてください。いきなり高い目標を掲げると、「そんなことは無理だから諦めよう」と考えてしまう人がいます。でも、自分でも実現可能な目標を掲げて節約などの実行に移せば達成することができるはずです。10万円を貯めることができたら、次は「100万円」です。すぐに100万円に増やすことは難しいかもしれませんが、考え方としては「10万円貯めることを10回」すればいいということになります。「1000万円」も同じです。

たしかに「1000万円の壁」は高いものかもしれません。しかし、**資産運用は元手が大きければ大きいほど利益を得やすくなる**と言えます。1000万円もの資金があれば、いよいよ投資の道を歩む時です。退職金や相続などによって1000万円以上を手にする人もいるかと思います。そのときにも無駄な支出を抑え、さらに大きな資金を得ることを考えましょう。支出の抑制、節約はストレスもたまる作業かもしれません。しかし、一定以上の資金を確保すれば貯蓄することが楽しくなってくるはずです。資産運用で安心できる、ゆとりのある老後生活を手にしましょう。

では、いくらの貯蓄があれば、どのような資産運用ができるのでしょうか。手元にある預貯金ごとにシミュレーションと提案をしたいと思います。

預貯金1000万円のケース

長い時間をかけてコツコツと貯めたり、退職金や相続などで手にしたり、どのような背景でも預貯金が「1000万円」もあれば、資産運用を楽しむことができるでしょう。しかし、具体的にどうすればいいのか分からないという人も少なからずいることと思います。

資産運用の形や方法に触れる前に、まずはなぜ「1000万円」から運用すべきなのかという点からお伝えします。その理由は、**１０００万円もあれば株式投資や投資信託、不動産投資、外貨投資など様々な商品を組み合わせて投資をしやすくなるからです。**もちろん、手元の投資資金が大きければ利益をより実感できます。一般的には元手が多ければ選択肢が広がり、リスクを分散することによって安定的な運用を目指すことができるのです。

何より、預貯金で「１０００万円」ということは、逆に言えば、それ以外の資産がほとんどないケースが多いはずです。他の金融資産を保有しておらず、土地や建物といった不動産は持っていたとしても、それは売却してしまえば一度限りで多くのお金が入ってくるだけです。住宅ローンなどの返済や移住のための費用、生活費などに使ってしまえば、いよいよ自分に残るのは「１０００万円」だけということになります。つまり、その「１０００万円」は大切にしなければなりません。

資産運用の選択肢が広がるからこそ、その１０００万円は慎重に運用していくことが重要になるのです。ただ、「慎重」と言うのは単にそのまま預貯金として安全・安心を得ていきましょう、と言っているわけではありません。**なぜ預貯金ではダメなのか**と言えば、ここまで指摘してきたように、今日のような超低金利時代には金融機関に預けていても、1000万円は増えないだけでなく、**逆に減ってしまうリスクもあるから**です。

仮に1000万円をメガバンクの普通預金に預け続けたとしましょう。金利は0・001%ですので、1年間でもらえる利息（税引き前）はわずか100円です。1980年代後半からのバブル時代には定期預金で5%超もの金利が見られ、退職金を運用して悠々自適の生活を送っていた人もいましたが、それはもう過去のことです。祖父母や親の時代に存在した「成功例」は忘れましょう。

貯めた1000万円から資産運用すべき理由には「ペイオフ解禁」との関係もあります。2005年4月から金融機関が破綻した場合、1000万円を超える普通預金や定期預金などについては1000万円までしか保証されなくなりました。仮に2000万円の預貯金を預けていても万が一の際には「1000万円」しか払い戻しを受けることができないということです。実際、これまで破綻した銀行では一部の預金は保護されていません。

他の金融機関に複数の口座を持てばリスク回避は可能です。しかし、**「増えない場所」**

にお金を寝かせているのはもったいないと言えるでしょう。加えて、インフレが進めば現金の価値は下落するため、実質的には「損」をしていることになります。物価上昇に対応するためにも、資産運用でそれを上回る利益を確保していくことが重要です。

１０００万円を運用した時のシミュレーションを紹介します。仮に投資信託で平均利回り３％の複利運用した場合、１０００万円は10年後に１３４４万円になります。20年後であれば１８０６万円で、それぞれプラス３４４万円、８０６万円です。これが５％の運用ならば、10年後に１６２９万円（プラス６２９万円）、20年後には２６５３万円（同１６５３万円）となります。**５％の利回りであれば、元手の１０００万円は15年弱で２倍になるのです。**

あなたが60歳で75歳になるまでの15年間、１０００万円を平均利回り５％で運用すれば、先述の複利効果によって２０００万円を手にすることが可能です。定年退職した65歳から退職金などを元手に75歳まで10年間運用しても、約６３０万円を増やすことができるのです。先ほども触れましたが、**金利０・００１％の普通預金に預けていたら、どうだったでしょうか。10年間の利息はわずか１０００円ほど**で、その差は言わずもがなです。

もちろん、投資には資産が減ってしまうリスクもつきものです。そこで「選択肢の広がり」が意味を持つことになります。1000万円もあれば金融商品を組み合わせる分散投資を行うことが可能ですので、リスクを軽減することができます。

元手が1000万円ということならば、**オススメは投資信託**となります。投資家から集めた資金を運用のプロである専門家（ファンドマネジャー）が株式や債券で運用する商品です。3~8%程度の利回りが期待できます。何から資産運用を始めたらいいのか分からないという投資初心者に向いていると言えます。

投資信託での運用には少額投資非課税制度（NISA）を活用しましょう。NISAについては後ほど解説しますが、この非課税制度を利用すれば手元に入るお金をより増やすことにつながります。

投資をする際には、どこを「ゴール」に、投資金額は「いくら」にするのかを最初に考えておくことが重要です。リスクを考える上でも半年分程度の生活資金は預貯金に預けておけば安心でしょう。

預貯金2000万円のケース

預貯金で「2000万円」を持っている人は、自分の資産をどうすべきか心が揺れるかもしれません。金融庁のワーキンググループが2019年の報告書において、老後に「2000万円」が不足すると警鐘を鳴らしたことで、2000万円を貯めた人には「もう投資で冒険する必要はない」と考える人もいるでしょう。自分で最期を迎えるまでに少しずつ使っていけば、過不足なく終えることができるという計算です。しかし、「はじめに」や「序章」でも見たように、私の試算では老後を2000万円だけで乗り切ることは難しいと言えます。残念ながら、まだ何もせずに「安全圏」とはいかないのです。

では、具体的にどうしたらいいのでしょうか。

総務省の「家計調査」（2021年）によると、1世帯（2人以上）当たりの貯蓄額は平均1880万円となっています。貯蓄保有世帯の中央値は1104万円です。貯蓄から負債を引いた純貯蓄額を世帯主の年齢階級別に見ると、60～69歳の世帯は2323万円と最も多くなっており、70歳以上も2232万円と「2000万円」を超えていることが分かります。住宅ローン返済や教育費などがかさむ39歳以下は640万円の負債超過、40代でも負債の方が38万円多くなっています。

この数字を見れば、**退職金や相続などでまとまった手元資金を確保する60代・70代は、あらためて資産運用と向き合うべきタイミングである**と言うことができます。先に触れたように老後に必要となるお金が2000万円では足りないとなれば、自分たちのお金を「増やす」必要があるからです。しかし、シニアは現役時代よりも給与が低くなり、これまでのように「働けば増える」ことを実感することは難しくなります。そうであれば、お金にも「働いてもらう」ことが重要になります。

では、2000万円をどのように運用すればいいのでしょうか。まず考えておくべきなのは、いくらまで資産を増やすのかという点です。投資をする目的として老後の生活費だけなのか、子供や孫にも残したいと考えるのか。それによって目標金額は違ってくることでしょう。その点は運用方法にも大きく関係してきますので、事前にしっかり考える必要があります。

2000万円で運用した場合の利益は、利回り3％ならば計算上は5年間で約318

万円、10年間で約687万円、15年間では約1115万円を得ることが可能となります。これが5％ならば、5年間で552万円、10年間で約1257万円、15年間で約2157万円です。複利効果によって長期間運用すれば、資産は大きく膨らみます。

仮に60歳で運用を始めれば、75歳の時に資産は約3115万円から約4157万円（利回り3～5％）となっている計算になります。1000万円の運用と比べれば、複利効果の大きさを実感できるでしょう。定年退職後の65歳からでも75歳までの10年間で資産は約2687万～約3257万円（同）に膨らむことになります。老後のためのお金が不安だからと言いつつも、運用せずに預貯金として預けっぱなしにしておくのでは、こうした利益を得ることはできません。

■運用すれば「天国コース」、貯金だけでは「地獄コース」かも

投資というのは、基本的には一度に運用する資金が多ければ得られる利益も多くなります。2000万円もの元手があれば「アセットアロケーション」も重要となります。

「アセットアロケーション」とは株式や債券、現金などの資産配分を決めることで、自分の目的や投資金額の他に、どれほどのリスクを許容することができるのかということも総合的に考える必要があります。株価や円安、インフレといったリスクを回避し、安全に効率良く運用するためには資産を分散投資する必要があるのです。

2000万円という数字は資産運用で増やすことができれば、それだけで老後に必要な資金を賄うことができるレベルに入っていると言えます。それだけに特徴が異なる金融商品を組み合わせ、リスクを分散することが大切と言えます。

例えば、2000万円の7～8割を株式投資、2～3割を債券で運用するというのはどうでしょうか。株式投資は値上がり益に加えて、配当金も得ることができます。利回りは低いものの円建て債券であれば、ボラティリティ（価格変動率）も大きくないためリスクを抑えることにつながります。投資初心者であれば専門家に投資銘柄の選定を任せる投資信託での運用でもいいでしょう。

収入が増えにくい老後生活のことを考えれば、2000万円を一度に投資に回す必要は必ずしもありません。300万円から500万円を預貯金として残しつつ、時間をずらして投資していくという方法も考えられます。その場合は価格変動リスクにも対応することが可能となりますので、さらにリスクを低減することができるでしょう。

２０００万円あれば、老後資金を確保するための資産運用にも余裕が生まれてきます。一方、単に預貯金から取り崩しながら生活していけば、病気やけが、介護といった支出でお金が足りなくなる可能性もあるでしょう。「安全圏」に入るためには、自らの収入や貯蓄、家庭の状況などを俯瞰して考え、余剰資金は投資に回すという姿勢がいいかもしれません。

預貯金３０００万円のケース

手元の資金が３０００万円もある人は限られた人と言えるでしょう。大企業で定年まで働き、多くの退職金を手にした人や、相続・贈与で資産を得た人、あるいは若い時からの資産運用で積み上げてきた人がいると思います。60代でも３０００万円もの金融資産を持つ人は1割強で、老後においては少し余裕のある生活を送ることができそうです。

ただ、**少なくない余剰資金があるのならば、お金を「寝かせておく」のはもったいない**

と言えます。

金融広報中央委員会が2022年2月に公表した「家計の金融行動に関する世論調査」(2021年)によると、2人以上世帯の金融資産保有額は平均1563万円で、預貯金は670万円を占めています。単身世帯の平均は1062万円で、そのうち預貯金は442万円です。これは全体の平均値ですが、いずれの金融資産も保有していない2人以上世帯は2・5%、単身世帯でも3・8%に上っています。3000万円を保有している人は、まさに「勝ち組」に近い存在であると言うことができます。

では、3000万円もあれば何もしないまま生活していけばいいのかと言えば、私はそうは思いません。なぜならば、せっかく3000万円も貯めて、老後は余裕のある生活を送ることができると思っていても、贅沢な生活を送ったり、病気やけが、介護によって支出が増えたりすれば、老後資金が不足する事態を招きかねないからです。インフレが起きれば、金融機関に預けているだけで価値も目減りしていくことになります。

公益財団法人「生命保険文化センター」による生活保障に関する調査(2022年度)によると、夫婦2人の老後の最低日常生活費は月23万2000円で、これは標準的なモデル世帯の年金受給額（老齢厚生年金）が夫婦で21万９５９３円であることを考えれば、年金収入だけでは毎月１万２４０７円が足りないことになります。

実際、８割以上の人が老後生活に対する不安を抱いており、そのうち79・４％が「公的年金だけでは不十分」と回答しています。これまでコツコツと貯めてきた老後資金の使用開始年齢は平均66・８歳で、生活資金を賄うのは「預貯金」が71・８％と高くなっていることが分かります。

先の平均値から見れば、年間で14万８８８４円の不足です。10年間で約１４９万円。仮に67歳から預貯金を取り崩しても約３００万円もあれば不足分を補うことができるかもしれません。ただ、この調査では**「ゆとりのある老後生活費」には、月37万9000円が必要になるとの結果が出ています**。これは旅行やレジャー、趣味や教養、付き合いなどに使うための費用です。

先ほどの夫婦の年金受給額で考えれば、毎月15万９４０７円の赤字となります。１年で１９１万円、10年間では１９１３万円のマイナスです。しかもこれは老齢厚生年金を受給する夫婦の場合です。満額でも月に６万５０００円の老齢基礎年金（国民年金）だけの人には恐ろしいほどの「赤字」が発生することになります。

たしかに3000万円の預貯金があれば、少しは余裕のある生活は送ることができるかもしれませんが、ひとたび思わぬ大きな出費が発生したり、年金受給額が少なかったりすれば老後資金が不足する悲惨なケースもあり得ることは忘れないようにしましょう。

驚いたかもしれませんが、3000万円あれば資産運用での選択肢は1000万円、2000万円の人と比べて大きく広がります。それこそ「余裕のある」運用が可能になりますので、しっかりと貯めてきたメリットを活かすことが重要です。

まず、3000万円を利回り3％で5年間運用すれば3478万円、10年間ならば4032万円を手にすることが可能です。5％運用では5年後に3829万円、10年後には4887万円となります。**3000万円を2倍にするまでの期間は「15年弱」です。**

肝心なことは、どこまで資産を膨らませる必要があるかです。65歳から10年後の75歳に4032万〜4887万円（利回り3〜5％）を手にしたいのであれば、それほどリスクを負わなくてもよいと言えます。資産運用の際には、特徴の異なった金融商品を組み合わせる分散投資をすべきです。

例えば、国内外の株式や債券などを組み合わせたパッケージ商品の中から選ぶ投資信託に投資総額の4～5割を割き、株式投資は2割程度に抑えるのはどうでしょうか。先に触れた「ゆとりのある生活」のために資金を残しておいても良いと思います。残った余剰資金から投資するのでも十分です。

預貯金で3000万円を保有する人は、老後に余裕のある生活を送ることができるだけではなく、子供や孫に多少残すことができる可能性が高いと言えます。そのためにも「3000万を貯めたから後は何もしない」というのではなく、しっかりと計画を立てていくことが大切です。

預貯金5000万円のケース

5000万円もの金融資産を持っている人は、人生の「勝ち組」と言えるでしょう。金融資産から負債を引いた純金融資産が5000万円から1億円の世帯は「準富裕層」といわれ、日本全体の約6％しかいないと推計されています。うまく運用すれば「1億円の壁」も超えることが可能で、老後においては精神的な余裕を持つことができるはずです。年齢によっては「アーリーリタイア」を考えてもよく、優雅な生活を送りながらも子供に多くを残すことは十分できると言えます。

金融広報中央委員会の「家計の金融行動に関する調査」（２０２１年）によると、２人以上世帯の平均貯蓄額は１５６３万円で、中央値は４５０万円となっています。20代は２１２万円（中央値63万円）、30代は７５２万円（同２３８万円）、40代は９１６万円（同３００万円）、50代は１３８６万円（同４００万円）です。

住宅ローンなどの返済が終わり、子供も社会に飛び立って教育費がかからなくなる60代は２４２７万円（同８１０万円）と大きくなり、３０００万円以上を保有する世帯も22・８％に達しています。ただ、このデータを見ても５０００万円という「大台」を突破できるのはかなり限られた世帯であることが分かるでしょう。

５０００万円が退職金や相続・贈与など何から生まれたのかにもよりますが、これだけの資産があれば、冒険しない限り老後は「安泰」と言うことができると思います。

最近は定年年齢が引き上げられるところも多く、働きながら老後生活を送る人も増えています。高齢者の就業率（２０２１年）を見ると、「60～64歳」は71・５％、「65～69

歳」は50・3％、「70〜74歳」は32・6％に上り、「75歳以上」の人も1割が働いています。自らの健康や自己実現のため、65歳以上になっても働けば老後生活、子供に残したい資産といった心配はさらになくなります。生前贈与など相続税対策にも目を向けなければならないのが「準富裕層」の宿命なのです。

■貯蓄十分、でも「インフレ」という思わぬ伏兵が

ただ、注意しなければならないのはインフレリスクです。デフレ経済が長く続いてきた日本では実感できないかもしれませんが、２０２２年12月にサッカーW杯で優勝したアルゼンチンは２０２３年1月の消費者物価指数が前年同月比98・８％も増加しました。過去30年間で最高を更新し、１００％近くに達するという脅威のインフレが起きています。物価が2倍になるということは1個１００円で買えたハンバーガーは、２００円を出さなければ買えなくなります。つまり、お金の価値が下がることを意味するのです。

日本においても、日銀は「２％の物価上昇」を目標に掲げてきました。仮に実現すれ

ば、現在の5000万円の資産価値が1年後に4900万円になることを意味します。**超低金利時代に預貯金で保有していれば資産価値は下がっていくことになります。**「日本ではアルゼンチンみたいなことは起きない」と高をくくっていても、世の中に「絶対」はありません。安全性が高い預貯金に一定額を預けておくとしても、物価上昇率を上回る利回りを確保しておく必要はあるでしょう。

5000万円もの手元資金がある人は、投資においても選択肢の幅が広くなります。分散投資によってリスクをより軽減することができるということです。従来の株式投資や投資信託などに加えて、マンションやアパートの部屋を購入し、貸し出す不動産投資も選択肢に入るでしょう。家賃収入といったインカムゲインで年3~5%の利回りを狙うことができ、将来的に物件価格が上昇すればキャピタルゲイン（売却益）も大きくなります。

賃貸不動産投資の魅力は他の金融商品と比べて変動が小さいことですが、空室となれば収入減となり、売りたい時に売りにくいといったマイナス面もあります。好条件の物件を手にすることは初心者には難しいかもしれません。これまでの人脈や知識、スキルを活かすことができるのかも考えてから判断するとよいでしょう。

５０００万円を利回り３％で運用した場合、５年後に５７９６万円、10年後に６７１９万円となります。５％であれば5年後に６８３１万円、10年後に８１４４万円です。ゆとりのある生活費には月に約38万円かかり、標準的な夫婦の年金受給額（老齢厚生年金）を引いた赤字が月に16万円近く生じることを考えれば、５０００万円を持っているとしても安定的な運用は必要と言えます。

今の日本は男性の４人に１人、女性は半数が90歳の誕生日を祝う時代です。95歳にも女性の４人に１人、男性の１割がなります。仮に65歳から優雅な生活を送り、95歳まで生きたとすれば５７６０万円の「赤字」に対応しなければなりません。これでは老後資金は賄うことができても、子供や孫への遺産がほとんどなくなってしまいます。

手元に５０００万円がある人は、より安全な資産運用を目指す投資信託でもいいでしょう。年３～５％の利回りを期待できます。リスクを減らしながら資産運用する「バランス運用」がオススメです。投資信託に5～6割、国内外の株式に２割といったところでしょうか。安全性の高い個人向け国債や元本保証の定期預金も組み入れておくといいかもしれません。

5000万円あれば、利回り3%で1年間運用するだけでも150万円の利益を得ることができます。年率5%ならば15年程度で1億円に到達し、「富裕層」になることも可能です。しかし、だからといって大きな冒険をする必要はありません。あくまでも投資の要諦は「リスク分散」なのです。老後は何を目的に過ごすべきなのか、自分はどれくらい余裕のある生活を送りたいのか、といったこともしっかりと考え、自分の価値に合った判断をすることが大切と言えます。

使い方次第で年金より頼りになるNISAとiDeCo

政府が国民に対して投資を促し、様々な特例やサービスを用意している現在、「令和の勝ち筋」を目指す私たちにとってこの状況はまさに「追い風」です。

2022年12月16日、自民党と公明党は2023年度の税制改正大綱を決定しました。関心が集まったのは、岸田文雄首相が掲げてきた「資産所得倍増プラン」の具体策となる少額投資非課税制度（ＮＩＳＡ）の拡充です。制度の恒久化と非課税期間の無期限化が決まり、年間の投資枠も2倍以上の計３６０万円に拡大されることになりました。若年層を中心にＮＩＳＡの利用者は増加していますが、はたして老後生活の不安を解消するほどのメリットはあるのでしょうか。

注目してもらいたいのは、投資上限枠です。**個人の上限枠は総額１８００万円に拡充されることになりました。**「おや？」と思われた人は聡明と言えます。そう、**これは「老後２０００万円問題」への国の答えとして見ることができる**からです。先にも見た通り、金融庁のワーキンググループは２０１９年6月、夫65歳以上・妻60歳以上の夫婦のみの無職世帯では毎月の不足額が5万４５２０円となり、老後の20年間で約１３００万円、30年間では約２０００万円の不足が生じるとの報告書をまとめました。

このデータの元になったのは、２０１７年の「家計調査」（総務省）です。**モデル世帯の収入は月額20万９１９８円、支出は26万３７１８円で、その差を埋めるには年金収入以外のお金が必要になるとの見解が示された**のです。政府が示したのはＮＩＳＡや個人型確定拠出年金（ｉＤｅＣｏ、イデコ）の活用で、老後不安解消のため、報告書から

3年半後に決定したのがＮＩＳＡ拡充・恒久化と見ることができます。

では、ＮＩＳＡやｉＤｅＣｏで資産形成すれば老後生活は「安泰」と言えるのでしょうか。まず踏まえてもらいたいのは、国が目指しているのは「分厚い中間層」の形成であるという点です。利用方法によっては「金持ち優遇プラン」と見ることもできるのですが、2つの制度は少額から無理をせずに投資できる仕組みになっています。

ＮＩＳＡには、国が定めた基準を満たす約200種類の投資信託の中から投資する「つみたてＮＩＳＡ」と、国内外の上場株式や投資信託に広く投資できる「一般ＮＩＳＡ」があります。日本証券業協会によると、2022年6月末時点での口座数は「つみたてＮＩＳＡ」が約435万口座、一般ＮＩＳＡは約675万口座で合計1110万口座です。政府は資産所得倍増プランによって総口座数を3400万口座とし、投資額も56兆円に倍増させたい考えです。

ＮＩＳＡ拡充による大きなメリットは、投資枠の拡大と非課税期間の無期限化です。これまでの年間投資枠（新規買付額の上限）は「つみたてＮＩＳＡ」が40万円、一般ＮＩＳＡは120万円で、それぞれ2042年、2023年までの時限措置でした。しか

60歳からNISAで積み立てを開始するとどうなる？

（年利3％）

積立金額	積立元本	70歳時	80歳時
毎月1万円	120万円	139万7000円	328万3000円
毎月3万円	360万円	419万2000円	987万9000円

し、上限額は「つみたてＮＩＳＡ」が３倍の１２０万円、一般ＮＩＳＡは成長投資枠として２４０万円に倍増され、生涯の投資上限額も１８００万円（評価益は含まれない）に拡大になりました。２０２４年１月から非課税での保有期間も無期限になります。

一般ＮＩＳＡによる投資については「複利効果」がモノをいい、月１００円から始められる「つみたてＮＩＳＡ」拡充・恒久化のメリットも小さくないと言えます。毎月一定額を積み立てる積立投資は、長期間運用すれば大きな利益を期待でき、リスクも分散できます。60歳以上で始めても一定の効果を生むことが可能なのです。ローリスクで少額から投資できるので、初心者にもオススメします。

金融庁の「資産運用シミュレーション」で計算してみましょう。**60歳から毎月3万円を積み立て、年率3％で10年間運**

用すると、トータルは４１９万２０００円となります。元本は３６０万円、運用収益は59万２０００円です。80歳の時まで20年間運用すれば９８４万９０００円（運用収益２６４万９０００円）となります。たとえ毎月１万円の積み立てだったとしても、20年間で３２８万３０００円（同88万３０００円）になるのは大きいでしょう。

年間投資枠が40万円の時は月３万３３３３円が上限となりますが、それでも年４％運用ならば10年後に約５９０万円、20年後には約１４８０万円となります。これが年間１２０万円になるということは、月に10万円を積立投資できるということです。毎月10万円の余裕資金がある人は少ないかもしれませんが、**国が設けた非課税制度を活用すれば老後生活を大きく助けるのは間違いありません。**

■ｉＤｅＣｏの税制優遇措置はどう考えても得

一方、老後不安を抱く人に用意されている資産運用のもうひとつの道が「ｉＤｅＣｏ」と言えます。これは「個人型」とある通り、自分で申し込み、自分で掛け金を出し、自分で運用方法を選んで将来に備える私的年金です。

月５０００円から始めることができ、掛け金は１０００円単位で積み立てることができます。投資信託などで運用した後、原則60歳以降に年金または一時金として受け取る仕組みです。受給開始時期は75歳までの間で選択することができます。

iDeCoのメリットは、掛け金や運用益、受け取る時の3つの税制優遇措置を受けることができる点です。掛け金は全額所得控除され、所得税や住民税が軽減されます。

仮に年収６５０万円の人が毎月２万３０００円（年間27万６０００円）を積み立てた場合、年間節税効果は約８万３０００円（所得税率20％、住民税率10％）となります。

掛け金の上限額は職業などで決まりますが、自営業の人が月額６万８０００円（年間81万６０００円）を60歳までの30年間、利回り３％で運用した場合には元本２４４８万円、運用益１４８７万円の計３９３５万円となり、通常は約20％の課税がある運用益にも課税されません。

さらに受け取り時の優遇措置もあります。一時金で受給する場合は「退職所得控除」、年金で受給する場合は「公的年金等控除」の対象で、金融機関によっては年金と一時金を併用することも可能です。先の自営業の人が60歳の時に一時金として受け取れば約3565万円、あるいは年金として15年間にわたって毎年約250万円を受け取ることができます。年金収入やライフプランと合わせて受け取り方法を考えるといいでしょう。もちろん、一部の恵まれた人を除いて毎月多くの掛け金を拠出し続けるのは難しいかもしれません。ただ、浪費せずに節約すれば毎月1万～2万円を積み立てることはできるでしょう。**40歳から20年間、毎月2万円（利回り3％）を積み立てても60歳の時には一時金として約654万円を受け取ることができます。**20年間での受け取りを希望すれば毎月3万円弱を加えることが可能です。老齢基礎年金が月6万5000円（満額）であることを考えれば、約3万円のプラスは小さくないはずです。

NISAとiDeCoは、投資に割ける資金がない人にも使い勝手がいい制度になっています。少額での資産運用しかできなくても、「老後破綻」を招くことがないようなメリットを付けていると思います。**国が「分厚い中間層」を目指すというのは、「制度は用意したから後は自分で積み立てて備えましょう」と言っているに等しい**のです。

少しでも資産寿命を延ばすために2つの制度は活用すべきでしょう。使い倒すことができれば、「老後2000万円問題」も乗り越えることができます。**悲惨な老後生活とならないためには自分が働くだけでなく、「お金に働いてもらう」ことを心掛けましょう。**

とはいえ、いきなり資産運用・投資の知識がない方に「さぁ、大海で泳いでください！」と言っても簡単なことではないでしょう。資産形成に関心を持っている方でも老後生活は不安であると思います。資産形成には投資、家計の見直し、節約・節税といった多角的な視点が求められます。まずどこへ行って、何をすればいいのか悩んでいる人は、気軽にファイナンシャルプランナー（FP）や銀行、証券会社などの資産形成のプロに相談するのがオススメです。

この章のまとめ

・投資期間は長いほど良い。
・100万円の運用で、40年後には700万円に化ける。
・投資と「配当カレンダー」で第二の年金収入を。
・「貯蓄があれば安心」な時代はとっくに終わっている。
・「お金に働いてもらう」意識改革を！

第三章

「80歳の壁」を越えるための新常識

■貯蓄型生命保険は結果的に「損」をする

いざというときの保障に備え、大半の人は何らかの保険に加入していると思います。公益財団法人「生命保険文化センター」の全国実態調査（２０２１年度）によると、生命保険（個人年金保険を含む）の世帯加入率は89・８％と高く、生活費や住居費、葬式関連費用などを遺族に残したいと考えている人は多いことが分かります。

年齢別の加入率を見ると、「55～59歳」の94・８％が最も高く、次いで「45～49歳」（94・０％）、「65～69歳」（93・８％）となっており、40代から60代の世帯は９割を超えています。70代は86・６％、80代は73・６％、90歳以上は52・２％です。

必要となる保険は家族構成や年齢、収入、生活スタイルで異なりますが、幅広い世代でこれだけ高い加入率が示されたことに驚く人もいるでしょう。そう、日本人はリスクに備え、安定を求める傾向が強いのです。公的医療保険や国民皆保険といった制度がある日本より守られていない米国では、生命保険の加入率が低く、むしろ資金があれば投資に振り向ける意識が高くなっています。

生命保険加入世帯における平均年間払込保険料は37万1000円で、世帯の死亡保険金額の平均は2027万円です。年齢別では「45～49歳」の2980万円が最も高く、逆に「90歳以上」の684万円が一番低くなっています。年代別に計算すると、30代は2520万円、40代は2847万円、50代は2304万円、60代は1756万円、70代は1259万円。29歳以下も1754万円となっています。

しかし、**「55～59歳」「65～69歳」で43万円超にも達する年間払込保険料は本当に見直す必要がないのでしょうか**。保険には、解約返戻金や保険期間満了時に受け取れない「掛け捨て型保険」と、保障に貯蓄性を備えた「貯蓄型保険」があります。「掛け捨て型」は保険期間が一定期間の「定期保険」と「収入保障保険」、医療保険やがん保険があり、戻ってくるお金がない分、「貯蓄型」に比べて保険料が安いのが特徴です。

保険加入で考えなければならないのは、「何を目的とするのか」という点です。死亡保険金額の平均が「45～49歳」で最も高くなっていることが示す通り、30代、40代は子供がいれば万が一の際に遺族に残したいという気持ちが伝わってきます。晩婚化が指摘される今、50代でも子供や配偶者の生活を心配している人はいるでしょう。

ただ、未婚で子供もいない、あるいは一定の貯蓄があるのに「以前加入した保険のまま払い続けている」場合は見直しの余地があります。「掛け捨て型」は保険料が安く、子育て世代にとっては家計負担が軽くなるメリットがありますが、更新する場合には保険料が上昇することがあります。ライフステージごとに「自分は本当にこの保障が必要なのか」を考える必要があるでしょう。

もうひとつ注意しなければならないのは、保険期間が定められる「定期保険」の意味です。相談に訪れた40代男性Ａさんのケースは何とも言えないものでした。Ａさんの母親はがんを患い、東京都内の病院で入退院を繰り返していました。しかし、80歳を迎える母親は都内に土地と建物を保有しているものの、預貯金はほとんどありません。先進医療を受けることを選択し、病院から送られてくる毎月の請求書は高額です。高額療養費制度や医療費控除があるにせよ、母親が年金だけで払い続けるのは難しいため、Ａさんが代わりに毎月10万円ほどを支払うことになりました。

Ａさんの母親は医療保険には加入していませんでしたが、生命保険は入っています。死亡保険金額は４００万円です。「いざというときは保険金で立て替えた分や葬儀費用などに充ててほしい」。Aさんは母親の言葉を頼りに、自分でカードローンまで借りて病院に支払い続けていました。

しかし、思わぬ「落とし穴」がありました。母親が加入する生命保険は保障期間が「満80歳」の定期保険だったのです。しかも、80歳を超えていたため更新することもできず、ついに満了を迎えて「何もなかった」ことになりました。Aさんは葬儀費用に加え、カードローンの返済を続けています。

定期保険の保険期間は5年、10年など年数で定める「年満了」と、年齢で決める「歳満了」がありますが、更新の度に保険料が上がる上、保険期間にも注意しておかなければAさんのような最悪のケースを体験することになります。また、保険料は満期を迎えるたびに更新するタイプと、定期保険の全期間を通して保険料が変わらない「全期型」があり、短期間であれば保険料が安い「更新型」が向いていますが、長期間であれば「全期型」の方が安くなる傾向があります。

貯蓄性のある生命保険は「掛け捨て型」に比べて保険料が高い上、予定利率は契約時に固定されるため、今日のような超低金利時代に加入すれば「損」することになります。

高金利時代に加入する、貯蓄をしたいならば少額投資非課税制度（NISA）などを活用することを考えましょう。

結論としては、保険は「何の目的で加入するのか」をまず考えてから加入すること。そして、自身の健康状態や家族構成、子供の状況などを踏まえて保障内容、保険期間を考えることが大切になります。子育て世代ならば「掛け捨て型」で保障は厚く、保険料は安く。病気やケガの治療費を支払えるほどの貯蓄があるならば保障レベルを下げること。そして、保険料負担が重く感じる老後を迎え、子供が社会人として活躍している状況であれば自身の葬儀費用を支払える程度の保険に加入する。心配であれば保険期間に期限がない「終身型」に入っておく――というものでしょうか。

保険にも「80歳の壁」は存在します。保険は「入ったらそれっきり」ではなく、ライフステージごとに見直すことをオススメします。

■保険の見直しはどうすべきか

そもそも、生命保険や医療保険に加入し、その後も内容を見直すことなく過ごしている人は少なくありません。私の周りにも「会社に保険のおばさんが来ていて、入社式後に言われるがまま加入し、そのまま放置している」という人が何人もいます。しかし、保険とは「いざ」に備えるものであるはずです。若くて健康な人が過剰な保障内容の保険に入っていれば、高い保険料を払い続けるのはもったいないと言えます。先述の通り、ライフステージごとに必要となる保障額は変化するため、加入する保険や保障内容を段階に応じて見直していくことが賢い「老後の勝ち方」につながります。

では、保険の見直すタイミングはいつなのでしょうか。ライフステージで考えると、効果的なのは①結婚②子育て期間中③住宅購入後④子供の独立⑤老後――というタイミングを挙げることができます。単身であれば自らの生活を維持できる備えがあればそれでいいのですが、守るべき配偶者や子供といった家族がいれば、いざというときの保障で守ることが重要になります。

まず、「結婚」したタイミングでの保険の見直しを考えましょう。最初に確認すべきなのはパートナーの保険内容です。独身時代に加入していた人も多いためで、世帯として保障内容が過剰になっていないか、重複する保障がないかなどを確認し、結婚前よりも生活費が増える分、死亡保険金の増額をオススメします。また、受取人を親にしている場合は互いに配偶者に変更しましょう。

出産前のタイミングにおいては帝王切開や切迫早産などの「異常分娩」を保障対象とする医療保険に加入することを考えるのもよいでしょう。国は2023年度から出産育児一時金の支給額を42万円から50万円に増額し、妊娠・出産時に計10万円相当を支給する「出産・子育て応援給付金」の恒久化を目指すなど負担軽減に力を入れています。ただ、「子育て期間中」は学校や学習塾の費用など教育費、生活費もかさみます。「いざ」に備えて死亡保険金の増額や学資保険の加入を検討しましょう。

マイホームを購入する際の「住宅購入後」も保険見直しのタイミングと言えます。通常、住宅ローンを組む際には「団体信用生命保険」に加入することになります。ローンの利用者が死亡・高度障害状態になった場合、ローン残高に相当する保険金を生命保険会社が金融機関に支払ってくれるものです。それは逆に言えば、従来の死亡保険金を減額する機会ともなります。

次に「子供の独立」時です。子育て期間中は万が一のことを考えて死亡保険金を増額していても、子供の独立後は教育費の心配がなくなります。増額させた分は減額し、代わりに自らの老後の医療費を考えて医療保険に加入したり、保障内容を手厚くしたりしてもよいでしょう。

最後の「老後」は重要なタイミングとなります。自身や配偶者の健康状態、収入、保険期間などを踏まえて契約内容を検討しましょう。保険は更新時に年齢や保険料率で保険料が決められるため、高齢者になれば更新後の保険料は高くなります。月々の生活費をにらみながら、保険料が高いと感じたときは保障内容を見直すことをオススメします。

ただ、健康状況次第では新しい保険に加入できない可能性もあり得ます。焦って解約し、保障の空白期間が生じないためにも保険代理店などに相談しながら検討してください。また、解約返戻金があるタイプの保険は解約のタイミングによっては少額になってしまうことがあるので注意が必要です。

ライフサイクルに応じて必要となる保障額は変わります。独身であれば死亡保険金は葬儀費用などの500万円、夫婦ならば生活費も考えて1500万円、子供もいれば生活費などを含めて2500万円程度を目安にしてください。子供が独立した後は配偶者の生活費などに1000万円もあれば安心と言えます。

医療保険が必要となるタイプは、①健康状態に不安がある人②貯蓄が不十分な人③先進医療を受けたい人――になります。日本には医療費が高額となった場合に自己負担額の上限を定める高額療養費制度や医療費控除がありますが、高齢になるにつれて通院や入院を経験する人は増えることになります。

厚生労働省の「患者調査」(2020年)によれば、全国の医療施設に入院している患者の7割超は65歳以上で、外来でも半分以上を占めています。これらのタイプに当てはまる人は加入した方がいいでしょう。また、生涯でがんにかかる確率が2分の1以上であることを考えれば、「うちはガン家系だから心配だ」などと不安な人はがん保険への加入も選択肢と言えます。

保険料は「固定費」となります。上手にライフステージに応じて保険を見直していけば月々の保険料を抑えられ、家計の節約につながります。加入時だけでなく、段階ごとに契約内容や備えるべきリスクを把握し、無理なく払える保険料はいくらなのか、これから必要となる保障内容はどういうものなのか、といったことを考えることが保険見直しで失敗しないポイントになります。

■円安時代の外貨投資は「アリ」！

近年では、保険も「外貨建てプラン」が注目されています。

２０２２年、日本は歴史的な円安進行に襲われました。インフレ退治に執念を燃やし、利上げという金融引き締め政策を採用する米連邦準備制度理事会（ＦＲＢ）と、長引くデフレからの脱却に向けて２０１３年から大規模金融緩和政策を採る日銀との姿勢の違いが日米の金利差拡大となり、円安・ドル高を急速に進行させたのです。22年10月には一時１ドル＝１５１円90銭台となり、実に32年ぶりの円安を記録しました。

その後は日本の為替介入や米国経済の鈍化もあって落ち着きを取り戻しましたが、物価上昇による国民生活のダメージは深刻なレベルとなりました。値上げラッシュを迎えた同年10月は消費者物価指数（生鮮食品を除く）が前年同月を3・6％上回り、1982年2月以来40年8カ月ぶりの水準となったのです。

2022年2月に始まったロシアによるウクライナ軍事侵攻の影響も加わり、エネルギー価格も上昇。電気代とガス代は前年同月に比べ約20％も上がりました。政府は23年1月から、1世帯当たり約4万5000円相当、光熱費を支援する総合経済対策を決定しました。しかし、食品や飲料をはじめ幅広い商品の価格上昇に悩まされた家庭は少なくないでしょう。少しでも安い品を求めて格安店や量販店に列を作り、家計防衛に熱を上げる人々の姿が目立ったのは印象的です。

インフレがもたらす「負」は、所得や資産にも及びます。物価上昇のスピードに賃金上昇が追いつかず、物価を反映した手取りが減ることになるからです。厚生労働省が22年12月に発表した同年10月の「毎月勤労統計調査」によると、実質賃金は前年同月比2・6％減と7カ月連続の下落となりました。2％を超える下落幅は20年6月以来のことです。

急速な円安進行で注目されたのは「外貨」です。**下落する円よりも為替差益が狙える「外貨預金」をする人が富裕層を中心に増加しました。**

メガバンクの普通預金金利が０・００１％、定期預金でも０・００２％程度という超低金利時代、１０００万円を1年間預けても利息は１００〜２００円です。他行のＡＴＭ（現金自動預払機）で引き出せば取扱手数料だけで利息分が吹き飛ぶという笑えない状況に日本はあります。

それに比べて外貨預金で選べる多くの国の金利は日本よりも高くなっています。２０２３年３月30日時点の主な外貨普通預金の金利（楽天銀行）は米ドルやユーロ、豪ドル、英ポンドなどは０・０１％、メキシコペソは０・２５％、南アフリカランド０・５０％です。外貨定期預金を見ると、米ドルは預入期間1年で１・２１％、２年は１・７１％となっています。

外貨預金は円預金に比べて金利が高いことに加え、為替差益も狙うことができます。

例えば、１ドル＝１００円のときに１００万円をドルに換えれば1万ドルになりますが、22年10月の１ドル＝１５１円のときに円に戻せば１５１万円になります。ドルを円に換える際の為替手数料を考慮しても、円安が進むと見て外貨を保有していれば差益を手にすることが可能になるのです。

ただし外貨預金や外国の株式・投資信託といった外貨建て金融商品は為替レートの変動によって生じる為替差益（差損）の影響を考慮しなければなりません。円高・ドル安となれば、マイナスになる点は注意です。しかし、それでも円安時代には「外貨投資」をする選択肢はあっていいと言えます。

その理由は、インフレ時代は老後のために貯めた資産が実質的に目減りすることになるからです。例えば物価が３％ずつ上昇した場合、現在の１０００万円の20年後の価値は約５５３万円になります。１億円ならば５５３０万円で、実に４４７０万円も価値が下がってしまいます。たしかに外貨投資は為替や価格変動のリスクを伴いますが、ドルやユーロ、先進国通貨に分散することでリスクヘッジを狙うことも可能です。

ＯＥＣＤ（経済協力開発機構）の予測によれば、２０２２～32年の10年間の成長率は日本が６・６％とされています。Ｇ７（先進７カ国）平均は14・３％であり、半分以下というのは何とも悲しい限りです。ちなみに、米国は17・５％、英国は15・２％、フランスは14・0％です。

G7以外を眺めると、成長率トップのインドは83・8％、2位のインドネシアは64・8％、トルコは49・6％、中国は45・6％などと高成長が見込まれています。新興国の通貨は下落することがありますが、高い成長力がある国の株式投資は魅力的でしょう。

インフレ時代はフローやストックの実質的な減少が伴います。**しかし、「やっぱり外貨は怖い」と外貨投資のリスクを受け入れることができない人は、政府が拡充・恒久化した少額投資非課税制度（NISA）でじっくりと老後資産の形成を目指しましょう。**

■熟年離婚が最悪の理由

貯蓄、保険と並んで、老後の「生き方」の常識も、マネープランに大きく影響します。

団塊の世代が定年に突入し始めた2005年頃から、「熟年離婚」という言葉が流行し始めました。夫の「職業人」としての卒業と同時に、妻も「家庭人」としての役割を卒業し、これからは家族や子供よりも自分の人生を優先するというものです。特に妻の立場から、「定年までは何とか我慢して、後は好きにさせてもらう」という文脈で語られることも多くなりました。

どんなに仲の良い夫婦であっても、長い間にすれ違いが生じることはあるでしょう。子育てや金銭感覚のズレ、あるいは暴力や異性関係などから離婚に発展することもあります。少子化や晩婚化とともに結婚する人が減少し、それに伴って離婚件数も減ってはいますが、長期間連れ添った後に離別する「熟年離婚」は増加しています。人生いろいろ、結婚や離婚もいろいろではありますが、熟年での離婚は当初描いていたよりも悲惨な末路をたどりかねないため注意が必要と言えます。

まず、重要なのは「年金」です。夫婦で貯めた預貯金や購入した不動産であれば半分ずつに財産を分けることがありますが、「年金」は必ずしもそうなるわけではないことを知っておく必要があります。

年金は会社員であれば老齢基礎年金（1階部分）と老齢厚生年金（2階部分）の2階建てになっていますが、夫婦が離婚した場合に年金を分ける「年金分割」の対象になるのは2階部分の厚生年金のみです。1階の老齢基礎年金は対象にはなりません。仮に夫の年金が「月に25万円」になるとしても、国民年金部分は含まれないため半分の「12万5000円」をもらえることにはなりません。厚生年金は加入記録を分割することができ、夫婦の標準報酬（標準報酬月額・標準賞与額）を合計した上で最大で50％ずつ分けることになります。

この場合、妻が会社員として厚生年金に加入していた期間が短く、専業主婦としての人生が長ければ、会社員としての期間が長い夫から妻に移る分は多くなります。逆に夫は将来受け取れるはずだった年金額は分割後に減ることになり、老後生活における離婚のマイナス面を痛感するでしょう。

逆に妻の年金は増えることになりますが、喜ぶのは早いと言えます。その理由は、**老齢基礎年金は年金分割の対象ではないため、夫が本来受給するはずだった年金額の半分をもらえるわけではない**からです。加えて、厚生年金の分割は「婚姻期間中の標準報酬」が対象です。結婚前や離婚後の標準報酬は対象外となります。

夫がサラリーマンとして22歳から65歳まで44年間働いたとしても、婚姻期間が25年間であれば年金分割の対象となる標準報酬は「25年分」です。相談者の中には老齢基礎年金も分割になると思っていたり、全期間の標準報酬が対象であると勘違いしていたりする人も見られますが、この点はしっかり押さえておきましょう。

なお、年金分割には「合意分割」と「3号分割」という2つの仕組みがあり、両方に該当する場合は合わせて請求することができます。「合意分割」は、双方の合意を前提に婚姻期間中の標準報酬合計額の最大50％を受けられるものです。分割割合は協議によって変更可能ですが、調整がつかない場合には裁判所に申し立てて決めてもらうことになります。

一方の「3号分割」は、妻が専業主婦（国民年金の第3号被保険者）だった場合、2008年4月1日以降の夫の厚生年金加入期間は妻の期間でもあるとみなし、夫の標準報酬（婚姻期間中）の半分が分割されます。こちらは合意なく分割できる上、2つの仕組みに該当する場合は両方とも請求できます。いずれも「離婚後2年以内」に年金事務所に申し出ることが必要となりますので注意しましょう。

離婚すれば窮屈な生活や束縛などから解放され、スッキリした気分になることができるかもしれません。しかし、夫は本来もらえるはずだった年金受給額が減り、老後に描いていた「ゆとりのある生活」は送れなくなる可能性が高まります。妻が年金分割で受け取れる分は夫が一般的な会社員のケースで月額3万～5万円程度です。もちろん、専業主婦だった人は自身の老齢基礎年金を受け取ることができますが、2つを足しても月額10万円程度では、決して楽な生活を送れるわけではないでしょう。

総務省によると、老後に必要な生活費は独身者で月に約15万円です。離婚や分割協議などで揉めれば裁判費用が必要になり、元妻は老後に夫の収入がなくなれば自分で働く必要も出てきます。**夫婦仲や価値観はそれぞれですが、「離婚貧乏」という最悪の状況を迎えないためにも人生の設計図はしっかりと作らなければなりません。**

■生涯独身の「おひとり様」が陥る「老後破綻ルート」

近年は「おひとり様の老後」と言っても死別や離婚ではなく、一度も結婚をしたことがない人も増えています。未婚率は増加の一途をたどっており、厚生労働省の「厚生労働白書」（2021年版）によれば、2020年の50歳時の未婚割合は男性26・7％、女性17・5％で、今後も「おひとり様」が増えていくと予想されています。

結婚する、しないは自由です。希望していても運命の人に出会う機会がないといったケースもあるでしょう。ただ、配偶者や子供がいない「おひとり様」にとって、老後生活の頼りにできるのは自分だけです。生活はどうなるのか早めにイメージしておくことが重要となります。

厚労省の「国民生活基礎調査」（２０２１年）によると、65歳以上の人がいる世帯は全体の半数近い約２５８１万世帯となっています。「夫婦のみ」の世帯が約８２５万世帯で最も多く、「単身世帯」は約７４３万世帯です。この数字を見れば、一人で暮らすシニアはかなり多いことが分かります。

では、「おひとり様」の老後の家計はどのようになっているのでしょうか。総務省の「家計調査年報」（２０２０年）を見ると、65歳以上の単身無職世帯は１カ月の可処分所得（税金や社会保険料など除く）が平均約12万５０００円となっています。一方、支出の方は約13万３０００円で毎月約７７００円が不足していることになります。年間９万３０００円の赤字になりますが、これだけを見れば「意外と少なく、クリアできそうだな」と感じる人もいるのではないでしょうか。

ただ、軽く考えるのは早計と言えます。その理由は老後の収入が男性と女性で大きく異なるからです。厚労省の「厚生年金保険・国民年金事業の概況」（２０２０年度）を見てみましょう。

公的年金の平均受給額は男性が月額約17万円あり、先の可処分所得を上回っています。これだけ受け取っていれば、たしかに「クリア」できる可能性は高まります。しかし、女性は月額約11万円です。男女の差は約６万円になっています。その理由は、厚生年金受給額は加入している期間や年収で大きく異なるためで、現役時代の賃金差が老後に現れてしまうことを意味しています。この平均値で考えれば、女性は毎月約２万３０００円が不足し、１年間で27万６０００円の赤字が生じることになります。仮に90歳まで元気だった場合でも25年間で約６９０万円に達します。

では、「おひとり様」のシニア女性は７００万円近い赤字に耐えることができるのでしょうか。金融広報中央委員会の「家計の金融行動に関する世論調査」（２０２１年）によると、単身世帯の平均貯蓄額は60代で約１８６０万円に上っています。中央値は約

460万円です。70代は平均約1790万円で、中央値は約800万円。退職金や親からの相続・贈与などによって、年を重ねるごとに平均値・中央値とも増えており、これを考えれば何とか「老後破綻」を招かずに生活することができそうだと言えます。

問題となるのは、女性の「おひとり様」が会社員として厚生年金に加入している期間が短かったり、国民年金のみの加入だったりする場合です。女性の厚生年金受給額は「5万~10万円」が約4割と最も多くなっています。国民年金（老齢基礎年金）の受給額は月額6万5000円（満額）、平均は約5万6000円です。

仮に「おひとり様」の収入が月5万6000円のみであれば、1カ月で7万7000円の赤字が生じることになります。1年間で92万4000円、25年間では約2310万円のマイナスとなります。このレベルまで不足することになれば、それまでの貯蓄額で対応するのが難しいことは明らかでしょう。

「老後破綻」を回避するためには、自らの資産を増やしておくしかありません。配偶者や子供がいなければ生活費は少なく、子育てに伴う教育費もかからないはずです。自営業やフリーランスの人は現役時代の貯蓄額を増やす必要があります。先の金融広報中央委員会の調査によれば、単身世帯は手取り収入の14％と2人以上世帯（11％）と比べて貯蓄に回している割合が多いことが分かります。定年がない分、高齢者となっても働き続けることはできますが、何が起きるのか分からないのが人生です。元気なうちに資産を増やすことが大切と言えます。

60歳以降も会社で働く人は厚生年金の加入期間を延ばし、70歳や75歳まで年金受給開始を「繰り下げ」にすると老後リスクを軽減することができるでしょう。「えっ？　厚生年金の人は安心じゃないの？」と思われるかもしれませんが、老後は病気を患う可能性が高まり、要介護状態になることも考えられます。

公益財団法人生命保険文化センターの調査（２０２１年）によれば、介護が必要となった場合の費用は月に約８万３０００円です。介護施設に入ることになれば特別養護老人ホームでも月10万円近くの費用が必要になります。持ち家、賃貸物件に住んでいるといった条件でも支出額は大きく違ってきますので油断しない方がよいでしょう。

「老後」に定義はありません。自分の好きなタイミングにずらすことができるということです。後悔しないためにも「老後」に向けた計画を立て、破綻を回避できるように備えていくことが重要です。

■相続に期待できるおひとり様は生き残れる

さらに具体的に「おひとり様」のシミュレーションをしてみましょう。
相談者は、60歳女性の「おひとり様」です。
スペックを並べると、

・現在はパートで月7万円の手取り収入がある
・賃貸マンションの家賃は月7万円
・貯金は約500万円
・65歳からの年金受給額は月10万円（可処分所得）
・親からの相続は約300万円（予定）
・実家が空き家になったらどうしようかと思案中

というケースです。

まず、総務省の「家計調査年報」(2021年)で生活費を見ていきます。65歳以上の単身無職世帯の平均消費支出は月額13万2476円となっています。この人の場合は60歳ではありますが、まず収入に比べて家賃が高すぎるマンションに住んでしまっています。適正家賃の目安は、手取り収入に対して25〜30%と言われています。月に7万円の手取りがある場合は「7万円×0・25〜0・3%」となりますので、家賃は月1万7500〜2万1000円が適正となります。完全にオーバーです。

また、手取り収入のすべてを家賃に払ってしまっていることは「最悪」と言えます。家賃以外の支出は毎月赤字が発生し、貯金を取り崩すなどして埋める必要があるからです。先の単身無職世帯の例で言えば、1カ月の消費支出13万2476円の内訳は「食料費」3万6322円、「光熱・水道費」1万2610円、「教養・娯楽費」1万2609円、「交通・通信費」1万2213円、「保健・医療費」8756円、「家具・家事用品費」5077円、「被服及び履物費」2940円、交際費などの「その他」2万918

5円などとなっています。

このデータでは「住居費」が1万3090円なので、「住居費以外」の支出は月約12万円です。平均的な暮らしをしていれば、現在の家賃7万円が加わり、1カ月の支出は約19万円となる計算です。毎月の赤字は約12万円、年間で約144万円のマイナスです。

もしも年金を受給するまで改善されなければ、5年間の赤字は約720万円に膨らみ、貯金の500万円を充てても賄い切れません。

65歳からは年金収入が月10万円になるとはいえ、同じところに住み続ければ毎月約9万円が不足します。やはり無理がある極めて危険なパターンであると言えるでしょう。月7万円のマンションに住み続けたいのであれば、月の手取り収入は30万円弱にまで増やさなければ安心できません。

では、この人はどうすればいいのでしょうか。改善策はいくつか考えられますが、まずは「家賃が低いところに移る」ことを検討する必要があります。ただ、先ほども触れましたが、この人の場合の適正家賃は月1万7500〜2万1000円です。さすがに2万円を切ると見つけるのは難しい上、これまで手取り収入分の家賃を払っていたことからも住居にプライドを持っていたことがうかがえます。

仮に家賃3万円のところに引っ越したとしても、月の支出は約15万円です。赤字は1カ月当たり4万円少ない8万円になりますが、65歳時点での累積は480万円のマイナスになってしまいます。貯金で賄える計算とはいえ、病気やケガなど思わぬ事態が生じればたちまち「老後破綻」を迎えてしまうでしょう。65歳でパートをやめると、収入はこれまでより3万円増えるものの、毎月約5万円の赤字が発生するため、やはり無理があると言えます。

そのように考えると、選択肢は限られます。パート収入を大幅に増やすことは現実的にむずかしいでしょうから、まず実家で「親と同居」することです。一緒に住めば「住居費」は基本的にゼロとなり、その他の支出も抑えることができます。実家がある場所によっては現在のパートを辞めなければなりませんが、それも致し方ないと言えます。

実家で「住居費」が不要になれば、貯金500万円を運用に回しておけばよいでしょう。**少額投資非課税制度（NISA）の非課税メリットを活かして運用すれば、利回り3%でも65歳になる5年後に580万円へと増やすことが可能**です。親からの相続は約

300万円の予定ということですが、親が亡くなるタイミングは誰にも分かりません。まずは自分の資産を増やしておくことが重要になります。

実家の近くでパートとして働き、65歳からは年金収入の約10万円があれば節約次第で少しずつ貯蓄することも可能なはずです。自分の病気やけが、介護のための費用を準備していきましょう。

■「寿命」は誰にも分からない

厚生労働省の「簡易生命表の概況」(2021年)によると、65歳男性の平均余命は19・85年、女性は24・73年です。このデータを踏まえれば、最低20年間の老後資金を頭に入れておかなければなりません。実家で親と同居している場合は毎月の支出を抑えることができますが、親が亡くなった段階からは「維持費」を一人で払うことになります。

土地や建物の大きさ、立地などによって異なりますが、戸建て住宅の固定資産税は平均でも10万〜15万円程度はかかります。光熱・水道費なども自分だけで負担しなければなりません。最初に示したデータによれば、65歳以上の単身無職世帯の支出は月額約13万2500円です。しかし、年金収入は10万円ですので税負担を考えれば毎月3万円程度（年間約36万円）の赤字が発生することになります。古い実家ならリフォーム費用もかかるかもしれませんし、自分が大病を患い予定外の出費に悩まされることも考えられます。

そこで活用できるのは、先ほど運用に回しておいた「資産」です。手元にあった500万円は利回り3％で10年後に672万円、20年後ならば903万円に増えている可能性があります。親が亡くなった時に相続した約3000万円は「いざ」というときのために保有しておき、複利効果で膨らんだ運用分もあれば自らの老後生活の安心につながるでしょう。何かのアクシデントがあり、どうしても老後資金が不足するのであれば自分の死亡時に売却することを担保として融資を受けるリバースモーゲージ（詳しくは176ページ参照）という手もあります。

自分の寿命がいつまでなのか分かっていれば貯金を取り崩しながら生活をしやすいか

もしれません。しかし、それは誰にも分かりません。あらゆるケースを想定し、リスクを減らすことこそが老後には重要です。

■持ち家か、賃貸か「終の棲家」を徹底検証

就職して結婚し、子供が生まれてマイホームを持つ。結婚後、子供夫婦と同居し、マイホームは子供たちが相続する……。そんな「常識」もすっかり過去のものになっています。こうした状況下で、皆さんは「終の棲家」をどのように考え、決めているでしょうか。持ち家か賃貸か、あるいは老人ホームやシェアハウスで暮らすのか。先のおひとり様女性の例からも分かるようにその判断は老後の生活に大きな影響を与えることになります。

安定した給与がある現役時代はいいかもしれませんが、収入が減少する60代以降はどこで暮らすのかという「次の一手」が大変な意味を持つことになるのです。退職金に手をつけたい気持ちも生じますが、まずは深呼吸して検討を重ねることも必要と言えます。

では、老後の選択肢としてはどのようなものがあるのでしょうか。「終の棲家」として考えられる主な費用、メリット・デメリットをまとめました。

【賃貸マンション】

単身向けマンション（30㎡以下）：大都市は月4万～9万円
夫婦向けマンション（50㎡以下）：大都市は月6万～13万円
メリット：自分の好きな物件を選べる。合わなければ引っ越しもできる。
デメリット：引っ越し費用の他、敷金・礼金で家賃の計2カ月分、仲介手数料1カ月分かかる場合も。火災保険料、カギの交換代、更新料も必要。

【賃貸アパート】

単身向けアパート（30㎡以下）：大都市は月3万～6万5000円
夫婦向けアパート（50㎡以下）：大都市は月4万5000～10万円
メリット：自分の好きな物件を選べる。合わなければ引っ越しもできる。
デメリット：引っ越し費用の他、敷金・礼金で家賃の計2カ月分、仲介手数料1カ月分かかる場合も。火災保険料、カギの交換代、更新料も必要。

【UR賃貸物件】
首都圏の物件：50平方メートルで7万～15万円程度
メリット：広めの物件が多い。礼金、仲介手数料、更新料、保証人が不要。
デメリット：最寄り駅から遠く、築年数が古い物件もある。入居審査が厳しい。

【戸建て購入】
新築：3500万円程度
中古：2500万円程度
メリット：家賃が必要な賃貸生活から解放され、相続することもできる。
デメリット：購入時の税金、毎年の固定資産税が必要。大きな支出で老後資金が不足する可能性も。

【自宅建て替え】
建築費用：1500万～2000万円（延べ床面積100㎡）
メリット：老後も同じ場所に住むことができる。
デメリット：解体費用100万～150万円程度が必要。仮住まいや引っ越しの費用、税金などもかかる。

【二世帯住宅に建て替え】
建築費用：３５００万～４５００万円程度（延べ床面積約１６５㎡）
メリット：老後も同じ場所で、子供と一緒に住むこともできる。
デメリット：解体費用１００万～１５０万円程度が必要。仮住まいや引っ越しの費用、
税金などもかかる。

【リノベーション】
費用：築30～40年の戸建ては１０００万～２０００万円程度
メリット：住み慣れた場所で新鮮な家を満喫することができる。
デメリット：築年数や広さによっては、さらに高額に。

【分譲マンション購入】
新築：４５００万円程度
中古：２９００万円程度
メリット：毎月の家賃が不要になる。立地によっては資産価値が上昇し、相続もできる。

デメリット：各種の税金を支払う必要がある。立地によっては売却する時に価値が下がる。

【有料老人ホーム】

入居一時金：5万円程度〜

月額利用料：8万円程度〜

メリット：公的施設は月額8万円程度から利用でき、安心感もある。地方では安いところも。

デメリット：民間施設は利用料が高い。介護付き老人ホームは月額30万円超のケースも。

■住居は、見栄えよりも実を取れ！

この他にも持家のダウンサイズや実家に戻る、地方に移住するといった選択肢はいろいろとあるでしょう。敷金・礼金がなく、家具なども設置されている高齢者向けシェアハウスに引っ越すといったことも考えられるかもしれません。有料老人ホームなどの高齢者向け施設も入居一時金や利用料がピンキリです。目玉が飛び出るくらい高額な施設もあります。また、たとえ希望しても健康状態によっては入居できない物件もあるでしょう。

もちろん、好みは人それぞれです。「最後くらい自分の好き勝手に選びたい」という気持ちも理解できます。ただ、重要なことは後悔をしないことです。退職金を投じて物件を購入したり、大規模なリフォームをしたり、高額な入居一時金を支払ったりして後に「あっ！　生活費が足りなくなってしまった」とならないのかどうか。「やっぱり、気に食わないから前の生活がいい」と言っても、年齢を考えれば元に戻る時間もお金もないかもしれません。

ひとつの目安にしてもらいたいのはやはり適正家賃です。一般的には手取り収入に対して「25～30％」が適正な家賃と言われています。月の年金額が10万円の人ならば、家賃は2万5０００～3万円のところに住むといいでしょう。もし、今の場所がオーバーしていれば、より自分に合ったところへの引っ越しを検討すべきと言えます。物件の購入やリノベーションならば、適正家賃を元に自分はいつまで長く住むことができるのかを計算し、その年数と費用の採算性を確認してみてください。子供に相続するつもりならば、多少のズレも許容範囲です。

大事なことは「老後破綻」を回避すること。持ち家を保有している人は有利と言えますが、賃貸物件に住む人も家賃を抑え、貯蓄・投資に回せば老後資金の足しにもなります。老後に過剰な「見栄」は必要ありません。立派な自宅を購入したり、建て替えをしたのに、その後すぐに要介護状態となってしまったケースを見たこともあります。何歳まで元気でいられるのか分からない以上、計画的かつ現実的に考える方が無難と言えます。

■トレンド化しつつある「新・地方移住」

若いうちに上京した人などが、年を重ね、老後は地元に帰る。これも昭和や平成の時代にはある種の「常識」として、少なくない事例がありました。しかし地方への移住の「常識」も、令和の時代には変わりつつあります。近年はのどかな環境で暮らしたいと地方移住を目指す人々が増えており、地方に「Uターン」するだけでなく「Iターン」、つまり地元に戻るのではなく、これまで接点や縁のなかった土地へ移住する人も少なくないようです。増加の背景には新型コロナウイルスの感染拡大でテレワークする人が増加し、必ずしも「職住接近」が求められなくなったこともあります。

では、地方移住は正解なのでしょうか。

内閣府が２０２０年1月に実施した意識調査によると、東京圏（東京・神奈川・千葉・埼玉の４都県）に住む20代から50代の49・８％が「地方暮らし」に関心を持っており、地方出身者に限ってみると61・７％の人が地方移住を考えていることが分かります。東京圏の出身者が関心を持った理由のトップは「旅行」（25・２％）で、移住を考えるに当たって欲しい情報は「仕事」と「住まい」に関するものが約6割に上りました。

もちろん、これが「絶対に正解」というものはないはずです。単身なのか結婚しているのか、子供や孫と暮らすのか、持ち家なのか賃貸なのか、収入や資産がどれくらいあるのか、といった環境や条件が判断のポイントになるでしょう。

実際に判断する前には、まず地方移住のメリットとデメリットを総合的に検討することが重要です。大前提として知っておかなければならないのは、**「住む場所」によって**

必要となるお金は違ってくるということです。例えば、大都市と地方では生活費が大きく変わってきます。

総務省の「家計調査」（2021年）によると、単身世帯の1カ月の消費支出は平均で15万5046円となっています。しかし、これを大都市（政令指定都市および東京都区部）に限って見ると、消費支出は15万9473円と全国平均よりも4400円ほど1カ月にかかるお金が高いことが分かります。地価や物価が高いので当然のように思われますが、大切な老後のお金を考えれば月に4400円、年間で5万2800円ほど平均より多くの生活費が必要になることは知っておかなければなりません。

子供や孫が大都市に住んでいるので近くに住みたい、あるいは同居している、ということであれば、やむを得ないという気持ちも理解できます。ただ、大都市は商店街が充実しているところが多く、スーパーや百貨店などの近くであれば、買い物のついでに浪費してしまうケースも見られます。健康を考えれば「家に引きこもる」よりも外出したり、散歩したりすることは推奨されますが、買い物の機会が増えれば当然ながら支出も増えてしまうことは頭に入れておく必要があります。

人口15万人未満の都市、地方の町や村に住む場合はどうなのでしょうか。1カ月当たりの消費支出は14万8395円で全国平均より月に6600円ほど、年間にすると7万9800円も低いことが分かります。一言で「地方」と言っても様々ではありますが、大都市と比べれば生活費が少なくなるのは明らかです。

特に、首都・東京に住む場合は物価の高さに注意しなければなりません。総務省が2022年6月に発表した「消費者物価地域差指数」（2021年）を見ると、全国平均を100とした場合の「総合」は東京都が104・5と最も高く、9年連続でトップです。逆に物価水準が最も低いのは宮崎県の96・2で4年連続最下位となっています。

全国平均を超えたのは10都道府県で、2位は神奈川県（103・0）、3位は京都府（101・1）と大都市が並び、上位10位に南関東の1都3県が入っています。都市別に見ると、東京都区部は105・3、神奈川県川崎市は104・2、横浜市は103・6で物価水準は高く、逆に群馬県前橋市は96・5、宮崎市は96・9と物価が低いことが分かります。

東京都と神奈川県で費目別の物価水準を見ると、やはり「住居」が極めて高く、次いで「教育」も高い傾向があります。「住居」で100を超えたのは東京都の131・9、神奈川県の116・1、千葉県の112・5、埼玉県の106・9、京都府の101・7の4都府県です。

総務省の「統計でみる都道府県のすがた2022」で2020年度の消費支出を見ると、2人以上世帯の支出に占める住居費の割合は福岡県が10・8％でトップ、2位は沖縄県（10・3％）、3位は東京都と長崎県の9・3％です。食料費は1位が大阪府（31・2％）、2位が京都府（31・1％）、3位は沖縄県（30・6％）となっています。

持ち家がなく、子供や孫たちの近くに住まなくてもいい、仕事は住居の近くで選ぶなどの制約がなく、自由に住む場所を選べるのならば、比較的物価が安い地域を選択するのも一案です。

■地方移住の思わぬ「落とし穴」

では、年金収入に多くを頼る老後は地方に移住すべきなのでしょうか。結論を先に記

せば、私は必ずしもそうであると断言することはできません。なぜならば、地方に移り住む場合には仕事や地域とのつながりも考えておくことが大切になり、単に「暮らす」だけと思っていたら思わぬ「落とし穴」にはまることがあるからです。

先の内閣府の調査によれば、地方圏出身者の20代、30代が地元に戻らない理由として、「コミュニティが狭すぎること」が挙がっています。隣近所との関係が希薄なものとなりがちな都会と比べ、地方では地元住民とのコミュニケーションが大切になります。近くの職場に働きに出る、あるいは自宅でテレワークする人であっても、付近住民との交流が求められることが多い点は認識しておく必要があるでしょう。専業主婦（夫）がいる家庭は自宅に残る配偶者のことも考えておかなければなりません。

地方ゆえに増える支出もあります。都会での満員電車から解放されるのはうれしいかもしれませんが、地方では買い物に行くにも車が必要となることが多くなります。1人に1台、ガソリン代や税金、車検費用などを含めれば電車通勤の時と比べて年間20万〜40万円もの出費がかさむことになるでしょう。

また、病気のリスクが高まる老後になれば通院の機会も増加しますが、近くに病院がなければ車を運転して通うことになります。急病でなければまだしも、新型コロナやインフルエンザなどによる高熱、大きなけがをした場合には救急搬送に時間がかかることも考えられます。

たしかに老後は都会の喧騒から離れ、のんびりとした空間で時間を楽しむことに憧れる気持ちは分かります。しかし、退職金をもらって気持ちが大きくなり、「理想」だけを追い求めてしまうと結果的に「失敗だった」と感じることになりかねません。老後の失敗は取り返しのつかないものとなります。時間に余裕が生まれる老後はしっかりと情報収集し、家族とも今後のライフプランを話し合いながら総合的に検討することが重要と言えます。

■狙われているあなたの「休眠預金」

「終活」は高齢化社会を印象付ける、一種の流行語にもなっています。子供たちに迷惑を掛けないように、と元気なうちに断捨離を進めて、不要なものや思い出の品を処分したり、遺書を書き残すなどの準備をしておく人が増えています。

銀行口座や預金額を書き出しておくこともその一つにあたりますが、そもそもあなたは金融機関の口座をいくつ保有しているか、正確に把握しているでしょうか。すぐに答えられる人はいいでしょう。しかし、中には忘れてしまっている人もいます。その理由は若い時に複数の口座を開設したり、親が子供の将来のためにと作った子名義の口座を保有していたりするケースがあるからです。しかし、**口座をほったらかしにしていれば思わぬ「損」をすることになります**。

「休眠預金等活用法」(2018年1月施行)という法律をご存じでしょうか。10年以上も取引がない預金「休眠預金」について、国は社会課題の解決や民間公益活動の促進のため活用する制度をスタートしました。簡単に言えば、10年間取引がない預金は預金保険機構に移管され、公益活動に用いられることになります。

金融庁によると、長期間利用されずに放置された「休眠預金」は毎年1200億円程度も発生しています。銀行の普通預金や定期預金、ゆうちょ銀行の貯金や定期貯金、信用金庫の普通預金や定期積金などが対象です。外貨預金や財形貯蓄などは含まれていません。残高が1万円あれば通知が届くので気がつく人もいますが、金融機関に登録している住所と現在住んでいる住所が異なれば通知が届かないことになるため、注意が必要です。

もちろん、「休眠預金」として移管された後も預貯金を引き出すことは可能です。取引のあった金融機関に通帳やキャッシュカード、本人確認書類などを持参すれば引き出すことはできます。具体的な手続きは取引金融機関に確認してください。実際、毎年1200億円程度の「休眠預金」のうち、500億円程度は払い戻しが発生しています。

ここで触れたいのは、多くの「休眠預金」があるということは、本人も忘れてしまっている口座が存在しているということです。放置することによる損は他にもあります。

「りそな銀行」は2004年以降に新規開設された口座で2年以上取引がない場合、年間1320円の手数料を差し引くことにしました。残高が1万円あり、借り入れがある場合などは手数料がかかりませんが、放置しているだけで自分のお金が減っていくことになります。

また、「三菱UFJ銀行」も2021年7月1日以降に開設され、2年以上利用がない普通預金口座は「未利用口座」として管理手数料が年間1320円徴収されることになります。こうした管理手数料は欧米諸国で多く見られていますが、そのまま残高が減って手数料が引き落としできなくなれば口座が自動的に解約されてしまうというのは、恐ろしい時代と言えます。

また、郵便局では2007年9月30日以前に預け入れた定額郵便貯金、定期郵便貯金、積立郵便貯金は満期後20年2カ月を過ぎても払い戻しの請求がない場合、たとえ自分のお金であっても払い戻しが受けられなくなります。「休眠預金」の確認や手続きは早めにすべきです。

最近流行の「終活」で言えば、口座の整理は欠かせないものと言えます。なぜならば、自分の子供と言っても、親が保有する金融機関の口座数を把握している人は少ないはずだからです。それは先に触れた「休眠預金」となったり、知らぬ間に管理手数料が徴収されてしまったりするだけではなく、子供の負担が増すことにつながります。

まず、親が亡くなって死亡届を手に金融機関を訪れれば口座は凍結されることになります。経験した人ならば分かるでしょうが、この手続きは時間と手間がかかるものです。

葬儀費用などのため引き出そうとしても、一度凍結されてしまえば、すぐに子供の手元には入ってきません。一時的とはいえ、相続する人が立て替える必要が生じます。

口座の整理が必要なのは、複数の口座を保有していれば、遺族がそれぞれの金融機関に行って同様の手続きをする必要があるからです。たとえ、少ない預貯金しか残っていなくても、相続する際には必要な手続きとなります。最寄りにすべての金融機関があれば少しは楽かもしれませんが、離れた地域にある地方銀行の口座であれば遺族の負担は大きくなります。共働き世帯が増加する今、葬儀を終えてホッとできたと思ったら、仕事の合間に銀行回りを余儀なくされてしまうケースもあります。

生前整理においては、口座を整理することも責務のひとつでしょう。では、どのように進めていけばいいでしょうか。**まずしておかなければならないのは、自分が保有する金融機関の口座一覧表の作成です。**相続時はすべての口座や残高を確認する必要がありますので、一覧表をまとめ、家族と共有しておきましょう。ネット銀行は通帳を発行していないため遺族も気がつかないことがあります。その存在とともにＩＤやパスワードも加えておくこと。

「休眠預金」となったり、管理手数料を徴収されたりすることも避けられます。遺族の手間と時間を考えれば、キャッシュカードや通帳、印鑑の場所も伝えておくべきです。

次に、不要な口座は解約しましょう。年金などが入ってくる口座、クレジットカードや各種ローンの返済用口座の2つもあれば十分と言えます。その他の口座はキャッシュカードや通帳、届出印、本人確認書類を金融機関に持参し、解約手続きを進めることをオススメします。わざわざ出向いて、手続きで待たされる時間が長いのが難点ですが、残される家族の負担を減らすためにも頑張らなければなりません。

とは言っても、「自分はまだ元気だから大丈夫」「いつか、そのうちにやる」という人も少なくありません。しかし、病気やけがはいつ襲ってくるのか分かりません。高齢になれば、昨日は体調が良くても今日は体が重いと感じることもあるでしょう。ただ、「休眠預金」や管理手数料徴収というリスクを忘れては、損することになります。元気な時に、できることを少しずつでも進めましょう。

独身時代や離婚後の口座は名字や住所が異なるため、手続きが面倒になるかもしれません。必要であれば早めに変更手続きを済ませておくことも大切です。**「終活」**や**「生**

前整理」の要諦は、動ける時に動くことです。年齢を重ねれば足腰も弱くなってきますので、計画的な行動が必要となります。

■相続税が払えない？　登記で変わる控除の条件

子供を持つ親ならば「少しでも多く遺産を残したい」と考える人は多いでしょう。預貯金を多く残せるのであればいいかもしれませんが、残高があまりないものの広い土地はあるというケースは、高額な相続税に遺族が悩まされることになります。２人以上の子供がいる家庭であれば、遺産分割協議で揉めることもあるでしょう。

円満な家庭が「争族」とならないためには、事前の契約や話し合いが欠かせません。預貯金や土地など遺産には様々なものがあるので相続人の数や状況、財産の種類に応じて元気なうちに考えておくことが大切です。

神奈川県川崎市の家庭で、次のようなケースがありました。40代の男性会社員Aさんは肺がんを患っていた80代の父親との二世帯住宅を建て、一緒に暮らしていました。

「相続税は同居しているんだから、ほとんどかからないから心配するな」。口癖のように漏らす父親の言葉をAさんは信じていました。

しかし、念のため税理士に確認したAさんは驚きを隠せませんでした。Aさんと父親が住む二世帯住宅は建物建築の際、資金負担に応じて2人でそれぞれ所有権登記を行いましたが、1階は父親、2階はAさんという具合に区分所有登記をしています。生活費は独立し、「同一生計」でもありませんでした。敷地は父親のもともとの所有で、2階を区分所有して居住するAさんは父親から土地を無償で使用している形になります。

建物の評価額は父親所有の1階部分が1400万円、Aさん所有の2階も1400万円で、敷地は8800万円です。すでに母親が他界し、兄妹もいないAさんは建物と敷地を相続することになりますが、相続税の基礎控除額は「3000万円+600万円×1人」となるので3600万円です。財産は「敷地8800万円+1階の1400万円」で1億200万円。差し引きすると、課税価格は6600万円です。

Aさんの父親は「小規模宅地の特例（居住用）」が適用されると考えていました。この特例は被相続人が住んでいた土地は一定要件を満たす場合には最大80%まで評価額を減額できるものです。特例が認められて8割減となれば課税価格が「0」になり、相続税もかからないと思っていたのです。しかし、知人の税理士は今回のケースは認められないだろうとの見解を伝えてきました。

その理由は税法上、区分所有建物の場合はその区分された部分のみを特例対象とするためです。特例としては、二世帯住宅を想定した「被相続人の居住の用に供されていた1棟の建物に居住していた親族」を規定していますが、この「1棟の建物」は父親が居住する区分登記された1階が該当することになります。

つまり、2階という「別の部分」に居住するAさんは要件を満たさないというのです。別生計かつ区分所有登記を行っていたがゆえに起きた悲惨なケースと言えます。税理士は「1棟の建物を共有名義にすれば特例の対象になる」とも伝えましたが、Aさんは高額な相続税を支払う道を選択しました。

このケースは仲の良い親子で、たとえ兄妹がいない一人っ子であっても相続に悩まされる場合があることを象徴していると言えるでしょう。遺される家族が大きな負担を背負わないよう親はあらかじめ制度を把握しておく必要があります。

相続税を考える上で重要なのは、①評価額を「知る」②軽減制度を「活用する」③資金を「準備する」——の3点です。

土地や建物、上場株式や生命保険金、退職手当金といった財産にはそれぞれに応じた評価方法が決められています。しかし、中には複雑な計算式を用いて算出するものもあるため、不安であれば税理士に確認してください。

２つ目の「活用する」は、先に紹介したAさんのケースのように特例制度があることは知っていたものの、その適用条件まで知らなかったということがありえます。生命保険金であれば、受取人が相続人ならば「５００万円×法定相続人の数」までは相続税が非課税となります。また、婚姻関係が20年以上の夫婦で自宅や居住用物件の購入資金を配偶者に贈与する場合には基礎控除１１０万円の他に、最高２０００万円まで控除（配偶者控除）ができる特例もあります。相続においては「知らぬが仏」ではなく、「知らぬと損する」と言えるのです。

「準備する」は言わずもがなですが、遺族が相続税を支払うための納税資金も準備しておく方が賢明です。特に土地の評価額が高い都市部の人は用意しておけば家族も安心することができます。

国税庁によると、2019年の被相続人は約140万人で、このうち相続税の課税対象になった人は約11万5000人となっています。割合としては8％程度で推移していますので多いとは言えませんが、2015年からは遺産にかかる基礎控除額がそれまでの「5000万円＋1000万円×法定相続人の数」から約4割も引き下げられました。大都市に自宅があり、一定以上の預貯金を残す場合には相続税を支払わなければならない可能性が高くなります。

相続対策は元気に生きている間しか基本的にできません。そのためにも「知る」「活用する」「準備する」を忘れず、家族と事前に話し合っておくことが重要と言えます。

この章のまとめ

・貯蓄型生命保険が得とは限らない。
・円安時代の「外貨投資」に利あり！
・「終の棲家」は身の丈に合った選択を。
・老後の地方移住は買い物や通院の移動コストを計算に入れよう。
・マネーの終活も忘れずに。
・休眠口座を洗い出そう。

第四章　意外な盲点！「マネーの種」を見逃すな

■タワマンは早く売れ！

前章では「終活」と資産形成について説明しました。「まだ終活には早い」という方も、そうであるからこそ、今から考えておくべき資産の整理の方法があります。判断次第では「マネーの種」になるはずが、何も考えずにきたばかりに気づいた時には資産にならないどころか負債を増やすもとになっていた、などということのないようにしたいものです。

例えば住居。特にハイステータスの象徴のように語られるタワーマンション（タワマン）は、依然として人気があります。最寄り駅に近く、大都市の広大な一等地に建てられたタワマンは芸能人やスポーツ選手、富裕層らが居を構え、憧れの眼差しさえ送られる存在となります。

しかし、最近では購入者から後悔の声も漏れるようになりました。その理由は「維持することの難しさ」が挙げられます。高所得を維持し続けられる人はいいかもしれませんが、**タワマンは通常のマンションに比べて購入費用だけではなく「維持費」も高額に**

なるからです。現役時代の高収入を失い、年金収入を柱とする老後生活においては大きな負担となります。

タワマンは一般的に20階以上のマンションを意味し、全国には10万以上の住戸があります。特に首都圏ではタワマン建設ラッシュが起き、全体の7割強が存在します。首都圏の新築マンション平均価格は年々上昇しており、2022年は約6400万円と17年の約5900万円から500万円もアップ。東京23区に限れば、22年の平均価格は約8500万円まで上がっています。中古でも首都圏の平均は約4500万円（東京23区は約6700万円）で、もはや「高嶺の花」となりつつあります。

ただ、タワマンに住み続けるつもりであれば、思わぬ「落とし穴」に注意しなければなりません。いまだ人気があるタワマンですが、**まず築年数が長いほど資産価値が下がる可能性があります**。都心の超一等地であればリスクは低いかもしれませんが、最近は地方にも建設されており、立地条件が悪ければ値下がりしていく不安もつきまといます。

注意が必要なのは、「維持費」です。タワマンに限らず、分譲マンションで暮らす人は月々の管理費や修繕積立金を支払うことになりますが、その**費用は通常の分譲マンシ**

ョンに比べ約1・4倍にもなります。タワマンにはコンシェルジュサービスやフィットネス施設、共用ラウンジ、パーティールームなどを備えているところも多く、それらの費用も管理費や修繕積立金に反映されるためです。一般的なマンションにもある管理人の人件費や共用部分の光熱費などに加え、タワマンには高速エレベーターや給水・防火設備などが必要なためメンテナンスに費用がかかります。

国土交通省の「マンション総合調査結果」（2018年度）によると、マンションの管理費はタワマンの場合、平均月額1万5726円です。70㎡であれば月額2万1420円です。さらにマンションの改修や施設更新などの修繕に備えて毎月徴収される修繕積立金は平均で月額1万2305円となり、70㎡で月1万3699円が必要となります。合計すると毎月2万8000円となり、70㎡の部屋を保有していれば月3万5000円程度です。もちろん、住戸数や共用設備の内容などによって異なりますが、毎月のコストが一般的なマンションと比べて高いのは間違いありません。

加えて、修繕積立金は築年数が増していけば毎月の支払額が増える可能性があります。先の「マンション総合調査結果」によれば、**修繕積立金を増額したことのあるマンショ**

ンは8割に上っています。古くなれば大規模修繕を行う必要があるからで、その増額幅の平均は1㎡当たり64・3円。70㎡の部屋であれば毎月4500円程度の負担が分譲当初よりも増えることになります。ちなみに、築40年以上の分譲マンションは2021年末に約116万戸で、31年末には約249万戸、41年末には約425万戸になると推計されています。

タワマンの購入者の中には、相続税評価額と購入価額（時価）の差を利用した「節税」を狙う人もいます。マンションの相続税評価額は時価に比べて低く、時価の3割程度とされているからです。親が現金5000万円を残していれば、それ自体が相続税の対象になりますが、分譲マンションを購入して残しておけば1500万円程度となるため、相続税の評価減を狙った「節税」方法と考えられていたのです。

しかし、国はこうした対策の強化に乗り出しています。2022年4月には、死去3年前に購入されたタワマンについて、国税庁が実勢価格と申告された相続税との間に差があるとして追徴税を課した訴訟で、最高裁は国税庁側の勝訴としました。

管理費や修繕積立金は固定費です。マンションに住み続ける限り毎月支払う必要があります。住宅ローンを組んで購入した場合は月々の返済額も加わります。たとえ、退職金や貯金でローンを完済していたとしても、老後の年金収入で払い続けるのは大きな負担です。資産価値の値崩れが起きる可能性も考えれば、定年後もタワマンに住み続けるのはリスクとなるかもしれません。

■自宅を売っての資産形成にノスタルジーはいらない

タワマンや億ション（億単位の価値がある高級マンション）に限らず、住宅の購入は「人生の三大支出」のひとつです。賃貸マンションやアパートからスタートして「夢のマイホーム」を獲得し、子供たちとの円満生活を送ってきた人も多いでしょう。しかし、手塩にかけた子供が成人を迎え、巣立った時に気になることがあります。それは**「使わなくなった子供部屋をどうしようか」**というものです。

社会に子供たちが飛び立った自宅には、学生時代に使われていた部屋が手つかずのまま残されているケースが多く見られます。子供が新居に持っていく荷物は限られ、勉強机や参考書、卒業アルバムや漫画本などが主のいない部屋に寂しく残されています。もちろん、それらはいずれも貴重な「成長の証し」かもしれません。しかし、記念品や限定品などを除いて保有し続ける必要が本当にあるのかを子供と話し合ってみる必要があります。

なぜならば、使わずに残された部屋にもお金がかかり続けているからです。そう、固定資産税です。「もう使用していないから」と主張したところで税額は変わりません。子供たちが飛び立った自宅で、残る親がリビングと寝室、風呂やトイレ以外は移動していないという生活の話をよく耳にします。それでも正月やお盆休みなどに子供が孫を連れて帰省する時のために、部屋を当時の面影のまま残しておいてあげたい、という気持ちは分かります。

しかし、多くの人は子供の教育に熱心だった現役時代よりも収入は低下しているはずです。年金を頼りに生活している人も少なくないでしょう。支出をなるべく抑えたい老後生活に、以前と変わらない税負担はより重く感じるのではないでしょうか。子供がいなくなり、使わないスペースがある場合は、現在の状況に合わせて減築することも検討してみてください。

近年、そうした悩みを抱える人々に注目されているのが自宅を活用した老後の資金作りです。税負担のみならず、病気やけが、医療費や介護費などへの備えとして「終活」の選択肢にもなっています。少しでも多くの資産を確保し、安心した老後生活を送りたいとの思いが表れていると言えます。

自宅を「処分」すると言えば、せっかく手にしたマイホームを手放したくないと考える高齢者は多いと思います。しかし、今の家を処分して新しい家に住み替える、老人ホームや介護付き施設、あるいは高齢者向け賃貸マンションに住むという選択肢は一考に価します。

何より、老後を迎えるまでに十分な資産を形成できず、その後の生活に不安を感じる人にとっては、様々な不安を解消する「まとまったお金」を手にすることができる点は大きいと言えます。老後のスタート時ではなく、将来の生活を見据えて自分に合った広さ、間取り、地域を考え、「家じまい」も選択肢に入れておくことが大切です。

必ずしも「終活」と合わせるのではなく、その前に行うこともあり得るという柔軟な考えが必要です。

■もっとも得な「家じまい」はこれだ！

　では、セカンドライフの「家じまい」にはどのような方法があるのでしょうか。自宅を「売る」という決断をした場合、いくつかのパターンの中から選ぶことができます。

1つ目は**「単純売却」**です。これは従来通り、自宅を売却し、まとまったお金を手にするもの。老後にはまとまったお金を手にする機会がほとんどありませんが、自宅を売却したお金で子供が住む場所に二世帯住宅を構えたり、自分が住むマンションを購入したり、あるいは地方に移住したりすることが可能となります。有料老人ホームに入る人は入居一時金を捻出するため、家を売却するケースも多く見られます。他の場所に移り住むのであれば、子供がいない分はダウンサイジングし、固定資産税や光熱水費といった維持コストを下げることもできます。

　とはいえ、「自分が慣れ親しんだ家には死ぬまで住みたい」という人もいるでしょう。

その場合には**「リースバック」**と**「リバースモーゲージ」**が選択肢に入ります。

「リースバック」は、自宅に住み続けながら「売る」という方法です。具体的には自宅を売却する一方で、売却先に家賃を払って今の家を「借りる」ことになります。もともとは住宅ローンの返済が難しくなった人のニーズに対応した売却方法ですが、現在では老後資金の確保を目的に利用されるケースも少なくありません。自宅の売却によって一度にまとまったお金を手にすることができる上、住み慣れた自宅に住み続けることができる点がメリットとなります。

一方、デメリットとしては家賃を払い続けていく必要があることです。多くの場合、住宅ローンの返済額よりも毎月の負担額が重くなる傾向があります。また、リースバックを利用した場合の売却価格は単純売却に比べて安くなることが多いと言えます。将来、買い戻すことができる特約を付けることもできますが、その場合は毎月の家賃と「購入費用」を用意する必要があるため、そう簡単なことではありません。

もうひとつの「リバースモーゲージ」は、自宅所有者が死亡時に売却することを担保に「融資」を受ける方法です。住宅ローンは自宅購入の際、最初にお金をまとめて借りて毎月返済していくものです。「リバースモーゲージ」は逆の流れで、自宅を担保に毎月借りていくことができます。融資の返済は死亡時に自宅が売却されて一括返済となります。

メリットとしては、老後の生活費に不安な人は融資限度額まで毎月お金が入ってくること、そして「リースバック」と同様に今の家に住み続けられることになります。ただ、もちろん限度額を上回る融資を受けることはできません。長生きをして担保設定の際に決められた融資額を超える場合、それ以上は借りられず、融資が打ち切られる可能性があります。

単純売却やリースバックならば、老後までに十分な貯蓄ができなくても投資に必要な「1000万円」の蓄財、あるいは金融庁のワーキンググループが警鐘を鳴らした老後に不足するという「2000万円」問題をクリアすることも可能です。ただ、「今の家から離れたくない」という人はリバースモーゲージの活用も一案でしょう。家族構成や収入状況など自分に合わせた方法を考えましょう。

また、自宅が都心部にある人はいいのですが、地方の郊外や過疎地にある場合、亡くなった時に子供たちが処分に困り、空き家になったり、売却価格が低くて売るに売れなかったりということもあります。相続人が複数いればトラブルにもなりかねません。解体費用やリノベーション費用にもお金はつきまといます。自宅の有効活用をどうすればいいいか。ただちに「家じまい」を決めるのではなく、そのタイミングや費用なども含めて事前に家族と相談しておくことが大切です。

■医療費の領収書も資産に変わる⁉

住宅は1000万円、100万円単位のお話ですが、もう少し小さい額の「マネーの種」もあります。「終活」が必要な年齢になる前からかかり始める医療費についてです。皆さんは通院や入院した際の領収書をしっかりと保管しているでしょうか。明細書に記載された診療点数を眺めても理解できず、請求額だけを確認してバッグや財布に入れている人は少なくないでしょう。その後も保管している人はいいのですが、**バッグや財布の中を整理する際に捨てている人は損をしている可能性があります。**

公益財団法人「生命保険文化センター」が２０２２年10月に公表した調査結果によると、過去5年間に入院した人の自己負担費用の平均は20万円弱に上っています。「10万〜20万円未満」が33・７％で最も多く、「5万〜10万円未満」は26・5％、「20万〜30万円未満」は11・５％です。約６％は「50万〜１００万円未満」も負担していることが分かります。

入院日数は平均17・７日で、１日当たりの負担費用は平均２万７００円。いかに気をつけていても病気やけが、事故と無縁で生涯を閉じる人はまれであり、医療費の負担は決して小さくはありません。

入院まで至らなくても通院で医療機関のお世話になる人は多いでしょう。日本の外来受診回数は国民１人当たり年間12・６回です。これは経済協力開発機構（ＯＥＣＤ）の加盟国平均６・８回の2倍近くに上っています。１人当たりの医療費を見ると、65歳未満は19万１９００円ですが、65歳以上では75万４２００円と4倍弱となります。65歳以上で生涯医療費（約２７００万円）の約6割を費やす計算です。これは健康保険の給付費との合計額ですが、かかった費用の１〜３割は自己負担です。

では、自己負担額はどれほどになるのでしょう。厚生労働省の「医療給付実態調査」（２０１８年度）によると、年代別の自己負担（年額）は「20代」４万１０００円、「30代」５万５０００円、「40代」７万３０００円、「50代」11万１０００円、「60代」16万１０００円と右肩上がりに増加しています。負担額が所得や年齢によって変わる「70代」は14万４０００円、「80代」は16万５０００円で、「90代」になると17万６０００円もかかっていることが分かります。

２０２２年７月に発表された日本人の平均寿命は男性81・４７歳、女性87・５７歳です。40年時点で65歳を迎える男性の４割は90歳まで、女性の２割は１００歳まで生存すると推測されています。ただ、日常生活に制限のない期間を指す「健康寿命」は男性72・６８歳、女性75・３８歳であり、平均寿命との差は男性で８・７９年、女性で12・１９年もあります。

国民年金（満額）は月６万５０００円、厚生年金のモデル世帯（夫婦２人の標準）で約22万円の受給であることを考えると、医療費の負担は大きいものがあります。**70歳以降に限れば、３００万円超もの自己負担が発生する可能性があるのです。**

ただ、日本には医療費の負担を軽減する公的制度があります。高額な医療費の負担を敬遠して受診を控える人もいますが、病気は早期発見・早期治療が原則です。健やかに長生きするため、そして**損をしないためにも「医療費控除」と「高額療養費制度」の2つを活用しましょう**。

「医療費控除」は、1月1日から12月31日までの1年間に10万円以上の医療費を支払った人が受けられる所得控除です。勤務先で年末調整しているサラリーマンに忘れられることも少なくないのですが、この制度を知らないと、所得税の還付や翌年の住民税が安くなるといった税メリットを逃し、結果的に損をすることになります。

実際に支払った医療費の合計額から保険金などで補塡される金額を引き、そこから10万円（総所得金額が200万円未満の人は、その5％の金額）を差し引いたものが対象となります。控除最高額は200万円です。

例えば、病院や歯科医院での治療費が110万円かかり、保険金が20万円だった場合には、10万円を超えた分の100万円から保険金20万円を引いた80万円が控除されることになります。扶養する家族の医療費も対象であることがポイントで、家族の分もチェックして確定申告をしましょう。

この控除は美容整形が対象外になっているものの、薬代（市販薬を含む）や病院までの交通費、マッサージ・針治療に加え、眼科のレーシック治療や歯科のインプラント手術などにも当てはまります。さらに、妊娠と診断されてからの定期検診や検査などの費用、通院費用も医療費控除の対象です。家族の分の明細書と領収書も付けて確定申告すれば、対象者の負担軽減につながります。

■使える！　医療費が戻ってくる・控除されるこんな制度

一方、「高額療養費制度」は入院治療や手術などで医療費が高額になったとき自らが加入する公的医療保険に申請することで、自己負担限度額を超えた分を取り戻せる制度です。先進医療にかかる費用や入院時の食費負担、差額ベッド代は対象外。保険適用される診療での支払額が「ひと月」で上限額を超える場合、その超過分の支給を受けることができます。

上限額は年齢や所得水準によって異なりますが、「70歳未満・年収370万円以下」（3割負担）の場合で見ると、1カ月に医療費が50万円かかったとしても、高額療養費制度からの給付額は44万2400円で、実際の自己負担額は5万7600円になります。

高額療養費制度は、申請から支給までは2～3カ月程度かかります。事前に「限度額適用認定証」を健康保険組合や市区町村に申請・発行していれば、初めから上限額の支払いだけで済むため、事前に高額になると分かる場合には準備しておきましょう。

年齢や所得によって自己負担限度額が定められていますが、日本の平均給与443万円のケース（70歳未満）の自己負担限度額は9万4097円です。自己負担額の合計が年間10万円を超える場合には「医療費控除」も申請できるので、2つの制度を活用しない手はありません。

また、高額療養費制度の支給を受ける権利の消滅時効は、診療を受けた月の翌月初日から2年であることにも注意が必要です。自分が加入している健康保険や生命保険の種類、上限額や診療月などを改めて確認した方がいいでしょう。

日本の高齢化率は約3割となり、2036年には国民の3人に1人が65歳以上になると推計されています。22年10月からは、年金収入とその他の所得の合計額が一定以上（単身で200万円以上、2人以上世帯で320万円以上）がある75歳以上の後期高齢者の窓口負担割合は原則1割から2割に引き上げられました。紹介状がないまま大病院を受診した際の料金も初診で7000円以上へと2000円引き上げられました。

医療費は長生きとともに膨らんでいきます。老後に必要な資金を守るためにも医療機関の領収書は捨てず、「高額療養費制度」「医療費控除」の2つを活用しましょう。

■クレカ払いは天国にも地獄にもなる

もうひとつ、身近なものでありながら、なかなか使いこなせていない方が多いのがクレジットカードです。

普段の利用頻度はどれくらいでしょうか。キャッシュレス化が進み、中には現金を財布に入れず買い物に出掛ける人も珍しくなくなりました。日頃のスーパーやコンビニでの買い物も小銭を持ちたくないという理由で、ついクレジットカードで支払う人が目立ちます。クレジットカードは「後払い」となるため、高額な買い物をする際に現金を持ち歩く必要はなく、ネット決済で利用すればコンビニに行って支払いを済ませなくてもいいので便利です。

経済産業省によると、2021年のキャッシュレス決済比率は32・5%となっています。内訳を見ると、クレジットカードが27・7%と最も多く、「電子マネー」が2・0%、QRコードやバーコードを使用した「コード決済」が1・8%、「デビットカード」が0・92%です。新型コロナウイルス感染拡大の影響で、他人が触った紙幣や硬貨に触れることが敬遠され、利用率が上昇したことも背景にあり、2013年からの8年間で約2倍に増えました。

国は2025年までにキャッシュレス決済比率を4割程度、将来的には世界最高水準の80%まで上昇させることを目指しています。慢性的な人手不足を見据えたものですが、まだ日本は現金の「信用度」の方が高いことが浸透の進まない理由に挙げられています。

また、加盟店にとっては売り上げの入金スピードや3~5%程度の決済手数料、信用照会端末の導入などの問題もあるため、現金だけしか使えない店も多く残っています。

ちなみに、キャッシュレス化が進む中国の比率は約8割、米国や英国、カナダは6割程度です。

日本で発行されているクレジットカードの総数は約3億枚に上っています。保有者1人当たりの平均枚数は3枚で、保有率を年代別で見ると、60代男性の90・5%（女性は89・2%）が最も多く、50代女性の90・0%（男性85・7%）が続いています。逆に20代は男性72・8%、女性77・3%と低い傾向が分かります。

2021年のクレジットカード決済による年間利用額が約81兆円（前年比8・8%増）に達していることからも、多くの買い物で使用されていることが分かりますが、その「支払い方法」には注意が必要です。クレジットカードを「1回払い」で利用すれば、金利手数料や利息を払うことはありません。しかし、「分割払い」や「リボ払い」を利用した場合には金利に応じた手数料を負担することになるからです。

分割払いは複数回に分けて支払いをするもので、決済時に「支払回数」を自身で決めることになります。分割払いの手数料（2回払いまでは発生しない）は回数で決まり、回数が増えるほど金利手数料は高くなります。12・0～15・0%が相場です。仮に10万円の商品を一括払いで購入すれば支払総額はもちろん、10万円だけです。しかし、「5回払い」（15％）ならば月々2万757円で、支払総額は10万3785円（うち手数料総額は3785円）となります。「12回払い」（同）の場合は月々9026円となり、支払総額は10万8312円（うち手数料総額は8312円）になります。分割回数が多いほど手数料は多くなるので支払総額も増えるのです。

リボ払い（リボルビング払い）は「毎月支払う金額」を決めて支払っていく方法です。どちらも複数回に分けて支払うことになるため、高額な買い物をする際は便利であると感じる人は多いでしょう。月々の負担は少なくなり、「あの高級ブランドのバッグが欲しい」と思った時に手元のお金がなくても、つい「後払いだから大丈夫」と買ってしまう人も少なくありません。

しかし、**金利手数料が必要となる支払い方法は「借金」であるとの認識**を持たなければなりません。特にリボ払いは月々の請求額が一定なので忘れてしまいがちですが、最終的に支払う合計額は手数料の分、購入価格よりも大きくなります。高額な商品であればあるほど、その負担は増大するのです。

毎月手数料が発生するリボ払いの金利は年率で定まっています。カード会社によって異なりますが、多くの場合は15～18％程度です。仮に２０２３年３月に10万円を利用し、手数料率15％のリボ払い（月々５０００円）で払った場合はどうなるでしょうか。支払金額は23年３月～25年１月までは月々５０００円、25年２月は７８２円の24回で返済することになります。合計支払い額は11万５７８２円（うち手数料は１万５７８２円）です。

一見すると小額のように感じる人もいるでしょうが、何回もリボ払いで支払っているうちに「どの支払いに対する返済が残っているのか分からなくなった」「いつになれば返済が終わるのか分からない」という悩みも多く聞こえてきます。間違えなく言えることは、リボ払いは金利手数料の分だけ損をしているということです。

リボ払いの場合、一般的には月々の請求額が利用額に応じて増えていきます。利用者が決めることもできますが、継続的に利用していればカードの利用枠を使い切ってしまうことでしょう。

どうしてもリボ払いを利用したい人は、ボーナスが支給された時に残高を一括で支払うのがお勧め。いわば「ボーナスの前借り」です。たとえ、一括返済できなくても毎月の返済額よりも多く支払うことができれば、手数料を「節約」することができます。また、100万円以上の残高がある場合には銀行カードローンで借りて一括返済すれば、結果として金利手数料の負担を低く抑えられることがあります。

借金をすることには躊躇する人も多いですが、分割払いやリボ払いは月々の支払額が少なくなるため、つい利用額が増えがちです。くれぐれも利用は計画的にしましょう。

■「支払い」からも富を生むポイント・特典の錬金術

一方で、クレカやQRコード決済からは様々な特典やサービスが得られます。

師走の東京・上野。サラリーマンたちでにぎわう居酒屋で驚きの光景を目の当たりにしたことがあります。深夜が近づいた頃、停電が発生して店の中が真っ暗になったことがありました。終電時刻が気になり、そろそろ打ち合わせを終えて会計を済ませようと席を離れると、薄暗いレジの前に長い列ができています。「お客様すみません！　今は現金しか使用できなくなっています」という従業員の声が何度も響きます。先ほどの停電の影響で信用照会・決済端末などが使えなくなったというのです。

クレカや電子マネー、ＱＲコードによるキャッシュレス決済にはインターネット回線と電気が必要です。レジや端末が動かなければ基本的に利用することができないのです。何人かは店の外に出てコンビニのＡＴＭに走り、グループで訪れていた客は財布の中身を確認しています。しかし、驚いたことにほとんどの客は会計できるだけの現金を持ち合わせていませんでした。

「なんだ、『コード』は使えるじゃないか！」。ひとりの客が安堵の声を上げたのはスマホのＱＲコード決済です。この店は自分でＱＲコードを読み込み、金額を入力する「ユーザースキャン方式」を導入しており、スマホの電波がつながっていれば利用することが可能でした。２０１８年９月に起きた震度７の北海道地震では、停電でホストコンピューターがダウンして多くの決済がストップするなどキャッシュレス決済の脆弱性が指摘されました。たしかにＱＲコード決済もスマホの充電が切れてしまえば利用できなくなるという弱さもあります。

ただ、それでも身近な支払い手段として定着したクレカやＱＲコード決済の活用は

「有益」であると思います。災害時の弱点があるとはいえ、多くの現金を持ち歩いていれば盗難や紛失のリスクがある上、何も「得」を生むことにならないからです。その点、クレカやスマホは利用停止や再発行、警察への被害・紛失届によって持ち主に返ってくる可能性もあります。

現金で支払うことよりも「得」と言えるのは、まず利用によってポイントが貯まることです。クレカであれば一般的なポイント還元率は0・5％ですが、種類によっては1・0％以上のものもあります。QRコード決済の場合、通常は利用額100～200円ごとに1ポイント付与され、貯まったポイントは商品との交換や次からの支払い時に利用することができます。いわば、**支払いという「負」から新たな「富」を生み出しているこ**とになります。

■ポイントも「投資」できる！

クレカには、まず保険料を支払わなくても保有・利用するだけで補償が受けられる

「自動付帯保険」があります。カードの種類によって補償内容や適用条件は異なりますが、多くの種類では海外や国内に旅行する際、クレカで決済すれば「旅行傷害保険」に入ることができます。また、旅行時には空港ラウンジを利用できる特典も付いています。

通常の支払いに伴うポイントは、指定されている「特約店」で利用すれば、通常よりも多く獲得することができるでしょう。また、家族で保有するとポイントが加算されるサービスや、タッチ決済での利用時には高還元率で獲得できるサービスも出ていますので自分のクレカの種類を確認することをオススメします。

最近では、「投資」に利用できるサービスもあります。２０２２年９月、高島屋は「タカシマヤカード」で貯まったポイントを活用して資産形成できるサービスを始めました。対象はＳＢＩ証券が取り扱う金融商品で、買い付け時にタカシマヤカードで決済すればポイントも貯めることができます。積立購入の際に提携クレカで決済すればポイントが還元されたり、投資信託を保有すれば種類や保有残高によってポイントが付与されたりするサービスは増えています。**ポイントは単に「貯める」ものから、「投資」も含んで考える対象になっている**のです。

一方、ＱＲコード決済の場合はどうでしょうか。コンビニのレジに行けば、利用できる決済の種類がこれでもか、とばかりに表示されていると思います。主なものに「ＰａｙＰａｙ（ペイペイ）」「メルペイ」「楽天ペイ」などがあります。ＱＲコード自体は日本の企業が開発した仕組みです。１９９４年にデンソー子会社の「デンソーウェーブ」が開発し、それが元になって活用されてきました。

２０２１年のＱＲコード決済取扱高は前年比７割増の７兆３４８７億円と過去最高となっています。市場規模81兆円のクレカには及ばないものの、その勢いにはすさまじいものがあります。ちなみに、「電子マネー」（プリペイド型）は約６兆円、「デビットカード」は約３兆円弱です。

利用手続きが「面倒くさい」「分からない」と思われる人もいるでしょう。しかし、スマホにインストールし、個人情報を登録するだけで基本的な作業は完了します。支払いは、ＡＴＭでお金を事前にチャージしておいてから支払う「前払い」と、登録したクレカやスマホ利用料金と合算して後日支払う「後払い」があります。このチャージや「後払い」の際にクレカを使えば、ポイント付与率が高くなるサービスも多くあります。

使用する際はスマホにあらかじめインストールしたアプリを開き、自分のスマホで店のＱＲコードを読み取って決済する「ユーザースキャン方式」（店舗掲示型）と、スマホ画面に表示されるコードを店側が読み取る「ストアスキャン方式」（顧客掲示型）があります。どちらの方法を導入しているのかは店によって違いますが、支払い時の利用で困った場合には従業員に聞くと簡単に教えてもらえるでしょう。

■キャッシュレス、使わなければ損をする

２０１８年10月にサービスを開始した「ＰａｙＰａｙ（ペイペイ）」は、ユーザー登録者数が５０００万人を達成し、抽選でポイント付与を大幅に増やすキャンペーンを展開してきました。「メルペイ」は、メルカリで自分が商品を売って得られた分を決済に利用することができ、「楽天ペイ」は預けたポイントに応じて年利０・１％以上の利息が付くサービスを展開しています。特定の店で割引が得られる特典クーポンをアプリに配信するサービスも出ていますので、もはや使わない手はないでしょう。

　また、地元の店を応援する地域通貨「せたがやＰａｙ」（東京・世田谷区）のように、アプリをインストールして対象店舗で支払うと、利用額の一定割合を翌週に付与するサービスも出ています。２０２２年のキャンペーンでは、なんと「30％」を付与され、地元商店街でスマホを手に支払うシニアの人々の姿が目立ちました。東京・調布市では「ＰａｙＰａｙ」「楽天ペイ」「ａｕペイ」「ｄ払い」を使って市内の対象店舗で支払うと、決済額の最大20％がポイントで戻ってくるキャンペーンを22年12月１日にスタートするなど、自治体や商店街を巻き込んだ生活支援策が見られます。

　さらに「お得感」を実感するのは、２００３年に発行開始となった「Ｔポイント」です。その理由は国内だけでなく、海外で貯めること、使うことができる点にあります。貯まったポイントは国内で「１ポイント＝１円」として提携先の店で使うことができますが、海外ではお得なレートで使用することが可能なのです。

　例えば、ハワイでは「１００ポイント＝１ドル」として利用できる店があります。２０２２年に一時１ドル＝１５１円まで進んだことを考えれば、相当にお得であることが分かるでしょう。その他にもギフトカードと交換できる国もあります。

クレカやQRコード決済の利用者は増えており、現金を持ち歩かない人も多くなっています。生きている限りはどちらにせよ、消費は避けて通れません。それならば、「節約」を意識していなくても「貯める」ことができるキャッシュレス決済を利用しなければ、もったいないでしょう。

この章のまとめ

- 「定年後もタワマン」にリスクあり。早めの「売り時」を考えよう。
- ノスタルジーより老後資産。現状に合わないマイホームは売るべし。
- 自宅の資産化、2つのパターンを検討せよ。
- 医療費領収書はお金と一緒、捨てるなかれ。
- クレカ、ポイントに「錬金術」の秘策あり。

第五章

増える！　もらえる！　チリツモ資産形成術

■副業しなければ損する時代

さあ、マネー「80歳の壁」を超えるための「令和の勝ち筋」も、いよいよラストスパートです。ここまで多くの資産形成術をご紹介してきましたが、老後資金を蓄えるための手段は、まだまだあります。しかも、「タワマン売却」といった大口のものでなく、まさに「チリも積もれば山となる」式に生活に余裕をもたらすポイントをご紹介します。

まずは現役時代から始めておくと身を助ける、「副業」について。

2018年1月、国は「副業・兼業」に関するガイドラインを作成し、副業を「解禁」「推奨」することにしました。その理由は人生100年時代を迎え、自らの希望する働き方を選べる環境をつくるとともに、イノベーションや起業の手段、「第2の人生」の準備などに有効になると考えたからです。

2022年10月に改定された「副業・兼業の促進に関するガイドライン」には、事業者に対して「労働者が労働時間以外の時間をどのように利用するかは、基本的には労働者の自由であるとされており、裁判例を踏まえれば、原則、副業・兼業を認める方向で検討することが適当です」と明記しています。また、副業・兼業を禁止している企業には「まずは、原則副業・兼業を認める方向で就業規則などの見直しを行い、労働者が副業・兼業を行える環境を整備しましょう」と呼び掛けています。

厚生労働省の「副業・兼業に係る実態把握の内容等について」（２０２０年）によると、副業している人の割合は９・７％で、同省の２０２１年時点の調査では副業を認めている企業は約55％とまだ少ない状況にあります。副業している人の「本業」を見ると、最も多いのは「自由業、フリーランス、個人請負」の29・８％、次いで「自営業」の19・４％、「会社役員」の15・３％となっています。

比較的自由な時間を持つことができる就業形態の人は副業をしている割合が多くなっていますが、本業が「正社員」の人はまだ５・９％にとどまっています。その原因としては本業の就業時間が長く、副業の時間を確保することがなかなか容易ではないことが考えられます。もちろん、肉体的にも精神的にも本業以外で仕事に取り組むのは負担が大きいでしょう。ただ、無理のない範囲で副業することは老後生活を考えれば重要となります。

まず、副業によるメリットは収入面で大きく表れます。就職・転職に関する調査・研究を行うJｏｂ総研が20代から50代の男女を対象にした「副業・兼業に関する実態調査」（2022年）によると、副業・兼業による平均年収は平均192万6000円で、中央値でも100万円となっています。また、本業と合算した年収の平均は751万4000円、中央値は650万円で、日本人の平均給与443万円を大きく上回っていることが分かります。1週間のうち副業の労働時間は平均7・4時間です。

副業している人が始めた理由は「収入を上げるため」が83・2％と最多で、「本業だけでは生活が厳しくなった」が44・1％を占めており、経済的な理由から副業をしている人が多い実態が浮かび上がります。逆に副業をしていない人は「会社から禁止されている」が39・8％で最も多く、副業・兼業を今後「始めたい」と89・8％が回答していることからも、事業者側がさらに副業を解禁すれば増加していくのは間違いありません。

副業には収入増以外にもメリットがあります。それは**「経費」と「節税」**です。飲食店や書店などでは、一見するとサラリーマン風の人が「領収書をください」と従業員に話しているところを見掛けたことがあるでしょう。会社員の人でも仕事の経費として領収書をもらう人はいますが、多くの場合は「個人事業主」であると思われます。そう、**副業で個人事業主になればサラリーマンでも仕事に関係する飲食代や書籍代などは経費にできる場合が多い**のです。

個人事業主には誰でもなることができます。基本的な作業としては、税務署に「開業届」を提出するだけです。自分のスキルや人脈を使う個人事業主となれば、パソコンや文房具代、交通費に加えて、情報交換のための「飲み会代」や会合参加費なども全額経費にできる可能性があります。また、事業に関係していると税務署に説明できるのであれば家賃や光熱水費なども経費にできるでしょう。

もうひとつの「節税」メリットも小さくありません。**「開業届」を提出する際に「青色申告承認申請書」も出しておけば、副業で利益が出ても年間65万円分までは税金がかからなくなります。**これは個人事業主の「青色申告特別控除」で年間65万円の控除が受けられるためです。複式簿記での記帳や電子帳簿の保存・提出といった条件はありますが、経費が使える上、節税効果まであるのです。

これまで税金や経理に疎かった人にとっては、領収書の整理や一つひとつの記帳など面倒くさい作業が必要となります。ただ、最近は便利な会計ソフトが販売されている上、領収書や請求書など書類一式を送れば税理士が処理してくれる比較的安価なサービスもあります。

開業時に「開業届」と「青色申告承認申請書」を提出し、確定申告することを忘れなければ老後に向けた資産形成には大きなプラスとなります。結婚や出産時などに作成したライフイベント表やキャッシュフロー表を良い意味で見直すことができる副業や起業。「まだまだ自分は心身ともに余裕がある」という人には、培ったスキルや人脈を活かすためにも、収入を増やすためにもオススメです。

■実は簡単、「1年で120万円節約」のススメ

続いては「節約」です。「なーんだ、節約ならもうさんざんやってるよ」という方もいるかもしれません。

特に2022年は、不安定な世界情勢を背景に米国や英国などで急激な物価上昇を記

録し、中央銀行がインフレ退治に躍起となる姿が目立ちました。日本でも物価高・資源高が深刻化し、電気代やガス代が前年に比べ2割以上も上昇、日々の生活において「節約」を意識した人は多いでしょう。

使っていない部屋の電気は消す、風呂の追い焚き回数は最小限にする、エアコン設定温度をいつもより抑える——。日頃から涙ぐましい努力をする人はいますが、生活する以上は最低限のコストがかかります。また、「やってるつもり」でも、一方で無駄な支出を気づかぬうちに増やして、節約分を食ってしまっている、ということも。

では、具体的に何を、どのように「節約」すべきなのでしょうか。そこまでの努力をせずとも、毎月の支出を抑制できる方法をお伝えしましょう。

日本生活協同組合連合会（コープ）が２０２２年8月に発表した節約や値上げに関するアンケート結果によれば、節約したことの1位は、食料品や菓子・飲料など普段の「食事」の56・5％となっています。2位は「外食」52・2％で、食費の節約意識が強いことが分かります。

つい、缶コーヒーや炭酸飲料を飲みたくなる、菓子をつまみたくなる、という人は

「ここか！」とまずは心掛けてください。また、外食の頻度が上がれば当然ながら食費が増えることになります。何かの祝い事や記念日などはやむを得ないにしても、利用頻度やコストを考えることが大切です。

インフレに対抗するためには、収入を増やすか、支出を削るか、この2つしか方法はありません。その他の「節約のポイント」をまとめましたので、ぜひとも参考にしていただきたいと思います。

まず、「節約の敵」になりがちなモノの見直しポイントから。

サブスク
――不要なモノを解約、上手に使おう

まずは「サブスクリプション」（サブスク）の見直しです。2019年12月に「三菱UFJリサーチ&コンサルティング」がまとめたアンケートによると、サービスを知っている人の58・9％は利用経験があります。利用したことがない人でも「今後利用した

い」が24・1％に達しており、今の時代にサブスクは人々の生活に欠かせないものとなっている実態が見えてきます。

利用経験は20代が66・4％、30代は60・3％と若年層が多いのは当たり前と言えますが、40代も56・8％、50歳以上は45・1％と高いことが分かります。しかし、注意しなければならないのは、月額定額制であるという点です。音楽の聴き放題サービスや動画配信サービスなどサブスクの種類は増えていますが、複数のサービスを利用していればそれぞれは少額であっても月々の出費は増すことになります。

先のアンケート結果を見ると、利用しているサブスクのサービス数は「1つ」が48・3％、「2つ」が31・2％、「3つ」は12・7％となっており、「4つ」（4・6％）や「5つ」（1・5％）も利用している人がいます。「6つ以上」も1・7％です。

月々の支払い代金は「1000円以下」が43・3％と最も多いですが、「2000円以下」は22・5％、「3000円以下」は10・6％、「4000円以下」は6・7％、「5000円以下」は2・9％で、1カ月に「1万円超」を払っている人も2・0％に上っています。

今の自分の生活には、利用しているサブスクのサービスが本当に欠かせないのか、あるいは無料期間を過ぎたまま延長されてしまい、まったく使っていないのに有料サービスの利用料を払い続けているものがないかを確認し、**必要ないサブスクはすぐ解約**してください。

通信費

──固定電話はさっさと解約、スマホプランも見直しを

個人のスマホ保有率が7割超となる今日、自宅にある固定電話をほとんど使用しない人もいるのではないでしょうか。固定電話の利用状況は年々減少しており、2017年に70・6%と7割を超えていましたが、2020年は68・1%にまで下がっています。ほぼ使っていなくても当然、コストはかかり続けます。総務省の「情報通信白書」(2021年版)によると、固定電話の年間料金は平均1万7633円です。通話料金もかさむでしょう。固定電話とインターネットを併用する場合は「IP電話」(インターネットを通じた電話サービス)を利用すれば、月々の基本料金を抑えられます。固定

電話の解約や見直しを考えた方がいいかもしれません。

「日本のスマホ代は高すぎる！」と女優・米倉涼子さんが叫ぶテレビCMは印象的です。総務省が米国や英国、フランスなどの主要都市と比較した2020年6月の調査報告によれば、平均月額（データ容量5ギガ）は東京が6250円、ロンドン1800円、パリ1986円、ソウル3931円などとなっています。

日本のスマホ代の平均は年間10万4192円で、月に8683円となっています。たしかにスマホ1台あれば様々なことができるので今や欠かせないモノであるのは間違いありませんが、1カ月に9000円近くも支払うのは痛い出費、と言えます。

ただ、料金が高い人には特徴もあります。例えば、不要なオプションが付いているケースです。契約時に無料だからと付けたサービスが期間を過ぎても解約していない場合、有料になって延長されていることがあります。

次は自分の利用状況と契約プランが合っていない場合です。データ容量は契約プランで異なりますが、本来は必要がない大容量のプランで契約している人も見られます。自分に合った適切なプランになっているのか絶えず見直すことが重要です。

若年層を中心に多いのは、新しい機種が発売されるたびに最新スマホを購入することです。購入時に一括払いではなく、機種の分割払いにしている人は毎月の料金に上乗せされて支払うことになります。スマホは毎年新しい機種が発売されますので、そのたびに購入していれば前の機種の分割払いが終わらないうちに次の機種を購入することになります。単に「新しいから買う」ではなく、「この機能が優れているから」など購入理由をじっくりと考え、月々のコストを抑えるようにしたいところです。

スマホ代を高く払っている人は、通信事業者から回線を借りて低価格でサービスを提供している「格安ＳＩＭ」への乗り換えを検討しましょう。また、データ容量が気になる人はできるだけ店や駅などにある無料の「Ｗｉ－Ｆｉ」を利用することをオススメします。

交際費・お酒代・たばこ代
――健康にもいい節約ポイントはここだ！

総務省の「家計調査」によると、２０２０年の単身世帯の交際費は平均10万３６７４

円で、月に約８６８４円かかっています。交際費とは「贈答用金品及び接待用支出並びに職場、地域などにおける諸会費及び負担費」（総務省）と定義されていますが、要するに贈り物や接待、会社や地域などでの会費です。男性は年間６万９５０５円（１カ月約５７９２円）、女性は年間13万３５２６円（同１万１１２７円）で、女性が男性の２倍近くも多いことが分かります。

気をつけなければならないのは、交際費は年齢が増すごとに増えることです。人脈が広がり、人付き合いが増えるのは仕方ないことかもしれませんが、60歳以上の男性は月７６４６円、女性は１万２８２２円です。34歳以下は男性２９１９円、女性４６４４円ですので、３倍近く増加していることが、分かります。

さらに怖いのは定年を迎えることが多い「65歳以上」です。贈答の機会が増えることが背景にあると思われますが、男性は月７８５４円、女性は１万２９３３円にもなっています。公的年金を受給する65歳（原則）になってから大盤振る舞いしていては老後の生活が脅かされかねません。

さらに「家飲み」する人も注意が必要です。新型コロナウイルスの感染拡大の影響で、自宅での一杯を楽しむ人が増加しましたが、くつろげる空間だからと酒量が増していけば家計を圧迫します。酒類の小売業を手掛ける「カクヤス」が２０２２年２月に発表したアンケート調査結果によると、「家飲み」用の毎月のお酒代は「５０００～１万円」が29・３％と最も多く、「１万～２万円」は24・７％、「２万円以上」は16・２％と続きました。

お酒を飲んでストレス解消する人も多いですが、ほどほどにすれば月々の支出は抑えられることが分かると思います。また、たばこを吸う人は健康と同時に費用についても考えましょう。毎月のたばこ代は平均１万円程度で、４人に１人は１万円以上も支出しています。お酒とたばこを楽しむ人は両方をやめるだけで月に最低１万円以上、年間で12万円超を「節約」できることになります。

お中元・お歳暮・年賀状
――きちんとリストを見直して本当に必要な人にだけ送る

お中元やお歳暮、年賀状は日頃からお世話になっている人への感謝を表すものです。

ただ、その数が多ければ多いほど支出が増えるのは当然です。年齢や職種、立場などを総合的に考え、それでも必要な人に限定するといった再考も必要です。

お中元・お歳暮は平均で３０００〜５０００円かかっています。付き合いが多い人は多数の品物を贈ることになり、その費用が高額になるケースが見られます。しかも私の知人には「なんとなく贈っている」という人も少なくありません。中には「すでに亡くなっていた人にも贈り続けていた」というケースもあります。季節を迎えると贈るものであれば、その度に面倒でもリストを更新するなど送り先を見直すことが大切です。

年賀状も同様でしょう。日本郵便は２０２３年用の年賀はがきの発行枚数（当初）が約16億４０００万枚になると発表しました。前年に比べて1割ほど少なくなっています。年賀はがきは２００３年の約44億６０００万枚がピークで、実に20年間で３分の１近くにまで減少したことになります。

ニッセイ基礎研究所の調査（２０２０年）によると、年賀はがきを出した割合は52・４%と半分強にとどまっています。年代別に見ると、40代は56・５%、50代は63・０%、60代は68・１%。年代が上がるにつれて増えていますが、メールや「ＬＩＮＥ」といった手段で新年のあいさつをする人が増えている今、どうしても年賀状にしなければならない相手は誰なのかを考える必要があります。

書籍・雑誌・新聞代

——たいして読まないなら取らない！ 買わない！ たまに読むなら図書館かスマホで

２０１９年の１世帯当たり１カ月当たりの支出額を見ると、「雑誌・週刊誌」は２４３円、「書籍」は６４９円、「新聞」は２０５６円となっています。いずれも減少傾向にありますが、多くのモノはスマホがあれば見ることができます。最近では図書館に置いてある雑誌や週刊誌、新聞をコピーし、持ち帰るシニアの姿も見られています。じっくりと読みたいモノ、自宅に置いておきたいモノだけ購入し、チェックするだけであればスマホなどを上手に利用しましょう。

ATM利用

――利息の何倍も高い！　現金を下ろすときは手数料を考えよう

金融機関が最寄りにあれば間違いなく、自分の口座がある銀行などに足を運ぶでしょう。しかし、面倒と感じればコンビニのATMを利用するケースが多くなると思います。しかし、コンビニATMの利用が増えれば手数料負担も大きくなります。

平日8時45分から18時は110円、それ以外は220円の手数料が必要になるところが多いです。これが週1回（月4回）の利用ならば毎月440～880円もかかることになります。どうしてもコンビニATMを利用しなければならない人も一度に引き出す分を多くするなど、利用回数を減らしてください。

ジム会費・トレーニング代

――「幽霊会員」ならすぐ退会して他の方法を考えよう

最近の健康志向の高まりでフィットネスジムを利用する人が増えています。私の知人では84歳の女性が「体力維持」のために会員制ジムに通い、急勾配の坂道を若者と同じようなスピードで登っていくほど鍛えています。ただ、ジム代は意外にかさむことがありますので、月にどれほど利用しているのか考えることも大切でしょう。

公営ジムは1回当たり利用料が300～800円程度と割安ですが、会員制スポーツジムは月額5000～8000円、パーソナルトレーニングジムにいたっては月額3万～10万円と高額なところもあります。もちろん、人によって健康や体力は異なりますので「どうしても必要なんだ」という人は通い続けた方がいいですが、会員にはなったものの、足腰が弱くなったため通う回数が減ったという場合には解約か、契約プランを見直しましょう。

これまで紹介したように、習慣や付き合いなどで「なんとなく払っている」モノやサービスを見直せば、少なくない支出を抑えられるのです。1カ月に1万円、1年で12万円、10年で120万円を浮かすのも難しくありません。たしかな老後生活を迎えるためにもライフステージに合った見直し、解約を進めていきましょう。

コンビニ
——実は「節約」最大の敵！

日々の生活で、「節約」の最大の敵は何かと言えば、実はコンビニです。

とにかく便利なコンビニ。かつては若者の姿が目立っていましたが、今は高齢者の利用者が増加しています。コンビニ業界はシニアをターゲットにする時代に入り、激しい高齢者獲得競争を展開しています。しかし、コンビニの利用頻度が高くなっていけば老後生活を圧迫する要因にもなりかねないため注意も必要です。

「これは今夜の夕食。それは明日の分だよ」。横浜市のコンビニで総菜や弁当をレジカウンターに置くのは、近所で一人暮らしをする70代女性。両手からあふれそうになるほど商品を持ち、顔見知りとなったアルバイト店員と会話を交わしています。電子レンジで弁当を温めている間に小銭入れから硬貨を取り出し、「それじゃあ、明日も来るよ」とビニール袋を手に帰って行きました。

こうした光景を目にしたのは1度や2度ではありません。皆さんもあるのではないでしょうか。独居シニアが増えている今、こうした状況が全国のコンビニで見られています。業界首位の「セブンイレブン」の来店客を見ても、かつては20代以下の若者利用者が6割程度に上っていましたが、最近は約2割にまで減少していることが分かります。若年層のコンビニ離れが進む一方で、50歳以上は5割程度に増加しました。人口の高齢化を考えれば、中でも65歳以上のシニアが急増していると考えられます。

その背景には、情報感度が高いといわれる若者がネット通販やディスカウントストアに向き、単身世帯が約3割を占めるシニアは身近にあるコンビニを利用するようになったとみられています。コンビニはもともと、総菜や菓子類などが小分けされている点など一人暮らしの人とマッチしており、わざわざ商店街まで出向いたり、混雑するスーパーで並んだりする必要がないことも高齢者にとっては利用する動機になります。

足腰が弱くなり、早朝から動き出すことが多いシニアには24時間営業の店が身近にある点は使い勝手が良いのでしょう。1989年に来店客の約6割を占めていた20代以下も今や50～60代。利用者の高齢化は進む一方です。

しかし、**コンビニには「弱点」もあります。それはスーパーに比べて販売価格が高い**

ことです。その理由は、スーパーもコンビニも商品をメーカーから購入して販売していますが、基本的にコンビニはフランチャイズという仕組みで運営されているため、各店舗は利益の一部を本部に納める必要があります。当然、この分は価格設定を高めにして販売することを迫られます。

また、24時間営業をすれば人件費や光熱費といったコストも高くなります。メーカーからの仕入れ値も含め、スーパーよりもコンビニ経営にはコストがかかるため、販売価格がどうしても高くなっているのです。実際に買い比べて見ると分かりますが、菓子類や飲料などを10点ほど購入した場合、スーパーに比べて1・3～1・5倍ほど多く支払うことも珍しくはありません。

都市部に集中するスーパーと比べれば、食料品や文房具などの購入、公共料金の支払いまで身近にある1つの店で済ませられる点はコンビニ利用の最大のメリットと言えます。しかし、仮に朝・昼・夕の食事をずっとコンビニだけに依存した場合はどうなるでしょうか。

仮にスーパーよりも販売価格が1・5倍高いとして計算した場合、1回当たりの食費が750円であれば、コンビニには1日に2250円支払っていることになります。コンビニは定休日がないため、1カ月続けると月に6万7500円。1年間では実に81万円です。これが1回当たり500円のスーパーであれば、単純計算で1日1500円、月に4万5000円、1年で54万円となり、その差は27万円にもなります。

老後生活の5年間なら差は135万円、10年間では270万円です。もちろん、すべての商品が1・5倍というわけではなく、あくまでも仮定の話にはなりますが、決して小さいものではないでしょう。超高齢社会の到来で利便性が高いコンビニのシニア利用者は今後も増えていくことでしょう。しかし、その際には自らの所得や資産も頭に入れておくのが肝要と言えます。

そしてここからは、積極的に使った方がいいモノやサービスを紹介します。

フリマアプリ
――使い倒せばこんなにお得!

チリツモ資産形成のためには「買うのを控える」だけでなく、「持っているものを売る」のも手です。近頃では、「終活」の一環として、生前整理に「フリマアプリ」を活用するシニアが増えています。自由な時間に気軽に売買できる点が好評のようです。楽天が運営する「ラクマ」は60代以上の新規登録ユーザーが3年間で30倍超にもなり、「メルカリ」でも高齢者のユーザーが急増しています。**２０１８年の１年間に「生前整理」や「終活」のキーワードで出品された商品は、実に前年同時期の３倍近くに膨らんでいます。**

フリマアプリを活用すると、どのようなメリットがあるのでしょうか。不用品をインターネットで出品して販売したり、逆に購入したりするフリマアプリは、若年層を中心に市場が拡大してきました。スマホがあれば商品登録や撮影、取引が完結する手軽さが人気を呼び、営業セールスが苦手な人でも需要さえあれば買ってもらえる喜びを味わう人が増えてきたのです。不用品を捨てるのではなく販売し、お金を手にすることができるのは、収入の少ない若年層にはメリットが大きいと言えます。

では、なぜシニアも積極的に活用するのでしょう。その理由とも思える場面に遭遇したことがあります。２０２２年の暮れ、東京・世田谷区にある大手買い取り専門店に２

人の女性が大きなバッグを持って姿を見せました。70代の母親と40代の娘で、亡くなった父親の「遺産」を査定してもらいたいというのです。

持参したのは高級ワイン5本と国産メーカーのウイスキー2本。「こんなものでも買い取ってもらえる?」と言っていた母親は30分後の査定結果を示され、驚きの声を上げました。そのうちのウイスキー1本は相場急騰中の「ジャパニーズウイスキー」で約50万円の買い取り価格を伝えられたからです。ワインの方は高くても1本1万円程度でしたが、ウイスキーコレクターだった父親は他にも多くのレア物を自宅に置いています。母親は査定結果には満足したものの、娘は「一度、家に帰って売却するかどうか考えます」と店を後にすることにしました。

その理由は自宅にある他のウイスキーなども高額で買い取ってもらえると考え、まずはインターネット上で相場を調べることにしたからです。ビンテージワインやジャパニーズウイスキーは検索すれば大体の買取価格が分かり、まとめて売却すれば価格がアップすることもあります。しかし、多くのボトルを自分たちで店まで運ぶのは大変な作業です。相場を把握した娘はフリマアプリの利用を母親に勧め、ネット上での売却を選びました。

フリマアプリは会員登録や月額利用料が無料で、自分で販売価格を設定することができます。商品が売れた時には10％程度の手数料が発生しますが、事前に相場を調べて価格に上乗せしておけば納得できるでしょう。

また、発送が難しい商品を売りたいときには集荷依頼をすることもできます。メルカリの「らくらくメルカリ便」はヤマト運輸が提供するサービスで、取り引き1回につき100円で自宅まで商品を集荷にきてもらえます。匿名での配送や補償にも対応しているため、荷物を送る側も、受け取る側も安心できます。家具や家電など梱包できない商品の場合には「梱包・発送たのメル便」が便利です。集荷依頼をするだけで集荷・梱包・搬出はプロがやってくれます。

わざわざ買取店に重たいものを持っていく必要がなく、煩わしい交渉も生じないフリマアプリは生前整理にいそしむ高齢者が求めていたものなのかもしれません。メルカリが2019年3月に公表した60代以上の利用実態調査の結果によると、シニアの利用目的は「不用品の処分」が79・6％とトップで、「欲しいものをお得に購入」（51・7％）、

「お金を得る」（35・0％）と続いています。20代では「お金を得る」が7割超と高く、若年層とシニアでは目的が異なっていると言えるでしょう。

また、60代以上の利用者の61・7％が「インターネットやWEBサービスを使いこなしている」と回答。20代（61・4％）と同レベルのITリテラシーを備えている自信がうかがえます。高齢者が利用した後の意識変化を見ると、「売るときのことを考慮し、モノを大切に扱うようになった」が60・3％で、「趣味やファッションなどをより気軽に楽しめるようになった」が30・6％を占めています。

また、60代以上の利用者は半数が「年を重ねても働き続けたい」（非利用者は38・8％）と答え、「今後、チャレンジしたいことがある」も65・5％（同47・6％）に上っているなど、労働や挑戦に対する意識が強いことが分かります。

不用品を捨てるのはもったいない、しかし処分するにもお金がかかる。そうであれば、自分で納得する価格を設定して欲しい人に買ってもらい、老後資金の足しにする。このような考えがシニアに浸透しているのかもしれません。

使い方が分からない人は子供や孫、知人に聞いてみると、前向きな会話も増えて旅行やレジャーなどに足を運ぶきっかけにもなります。売りに出す商品を探すタイミングとしては配偶者を失った後や引っ越す時が良いでしょう。不用品を処分すれば、自分に必要なモノだけが手元に残り、家財のダウンサイジングにもつながります。

もちろん、記念品や思い出のモノは残しておいた方がいいでしょうが、一定期間使っていないモノがあれば売れる時に売り、少しでも老後のお金に回す方がいいかもしれません。

ふるさと納税
――節税しながら「お取り寄せ」気分を

「楽しく節約する」、これを実現するのが、ふるさと納税です。

自分の故郷や思い出の地域など好きな自治体に寄付できる「ふるさと納税」は、2008年5月にスタートしました。人口減少に伴う自治体の税収減や地方創生を目的に創設された制度で、毎年1月1日から12月31日まで年間を通じて寄付することができる地方応援の形です。好きな自治体に寄付することで所得税や住民税の「節税」ができ、さらに返礼品までもらえると利用者は増えていますが、利用する人や方法によって「損」も「得」もする制度であると言えます。

ふるさと納税の魅力は何と言っても、税金の控除・還付が受けられる点と、地方の名産品や特産物が返礼品としてもらえることです。利用者（控除適用者数）は2020年度に413万人となっていましたが、22年度は725万人まで拡大しました。総務省によると、都道府県別の利用者は東京都の約139万人が最も多く、2位は神奈川県（約72万人）、3位は大阪府（約63万人）、4位は愛知県（約54万人）、5位は埼玉県（約45万人）と大都市に住む人が故郷などに寄付するケースが多いことが分かります。

利用者の平均寄付金額を見ると、1位の東京都は13万8711円で、最も少ない福井県は7万8284円。全国平均では10万3615円です。税金の控除・還付に加え、地域自慢の食材や生活雑貨、旅行で使えるクーポンといった返礼品がもらえるメリットは大きく、今後も利用者は増加していくと予想されています。

制度をおさらいすると、ふるさと納税は寄付した合計額から2000円を差し引いた分がすでに納めた所得税と翌年納める住民税から控除されることになります。控除の上限額は給与収入（年収）や家族構成などによって異なりますので、まずは実質負担2000円で寄付できる自分の上限額を知ることが重要です。ふるさと納税を扱っているサイトで簡単なシミュレーションができるので、寄付する前に把握しておきましょう。

総務省によれば、年間上限の目安は給与収入300万円で独身の人は2万8000円以下のふるさと納税であれば自己負担額は2000円となり、年収450万円の共働き（配偶者控除の適用を受けていない人）は5万2000円、配偶者に収入がない夫婦で年収1000万円の人は17万1000円などとなっています。16歳から18歳の扶養親族、19歳から22歳の特定扶養親族がいる場合は計算が異なりますので注意が必要です。

所得税からの控除は「寄付金額－2000円」に所得税の税率（0～45％）をかけて計算されます。年収600万円で配偶者と17歳の子供1人を扶養している人のケースを見てみましょう。上限額は6万円が目安となり、自己負担である2000円を差し引いた分が所得税と住民税からの控除・還付対象となります。5万8000円が控除され、所得税（年収600万円の人は10％）は約6000円還付されることになります。

――「得にならないケース」に要注意

住民税からの控除には「基本分」と「特例分」の2つがあります。「基本分」の計算式は、「寄付金額－2000円」×10％で、この場合の上限額6万円から2000円を差し引いた5万8000円に10％をかけた分の5800円が控除されることになります。もう1つの「特例分」は、この場合に「寄付金額－2000円」×「90％－所得税率×1・021％」で決まり、住民税から4万6200円が控除されることになります。2つを合計すると約5万2000円の控除です。収入や家庭の状況によって控除・還付される額が異なりますので、心配な人は事前に自治体や税務署に確認を！

ふるさと納税制度でお得な人は高収入で、共働きの人です。寄付の上限額は先に触れたように年収が多い人ほど高くなります。年収2500万円の独身の人は年間上限85万5000円が目安です。さらに、それぞれで所得税や住民税が課税されている共働き夫婦であれば2人とも寄付し、それぞれ控除を受けることができます。高収入の夫婦がフル活用すれば、そのメリットはとても大きいでしょう。

逆に「損」をしてしまう人は、「年収２００万円以下」の人です。収入が少なければ上限額が低くなるため、場合によって返礼品が自己負担額の２０００円より安くなる場合があります。税金の控除が反映されるのは寄付した翌年の６月以降ですので、手元のお金が少ないにもかかわらず「返礼品がもらえる」「お得な制度だから」という理由で多くの寄付を続けると、気がついたら生活費が足りない、実は損をしていたということになりかねません。

気をつけないといけない点は、申し込みの締め切りが毎年12月31日である点です。これは「入金完了」まで終える必要があり、上限額まで達していなければ「損」をした気持ちになるかもしれません。その場合には寄付金額に応じて自治体ごとに使用可能なポイントがもらえる「ポイント制」を利用しましょう。

寄付した自治体の返礼品から選ぶことができ、年内に寄付してポイントに換えておけば返礼品の選択は翌年でも大丈夫です。一般的には利用期限が設けられていますが、新たに寄付することでポイントを積み上げ、豪華な返礼品と交換することも可能です。何をもらうのか選ぶことも楽しみのひとつなので、時間をかけて考えたい人にはポイント制の利用をオススメします。

所得税や住民税の控除・還付を受けるためには、原則として寄付した翌年の3月15日までに確定申告をする必要があります。寄付先の自治体から送られてくる「寄付金受領証明書」と本人確認書類のコピーを添えて提出することを忘れないようにしましょう。「e-TAX」は本人確認書類のコピー添付などが必要ないので便利と言えます。

また、**年間の寄付先が5つの自治体以下であれば確定申告をしなくても申請書を送るだけで住民税の控除が受けられる「ワンストップ特例制度」があります。**他に確定申告をする必要がない人ならば、寄付した自治体から「寄付金税額控除に係る申告特例申請書」を取り寄せて必要事項を記入し、送付するだけで済みます。最近はスマホとマイナンバーカードがあれば、オンライン上で申請できるところもありますので活用した方が楽かもしれません。1年間に6つ以上の自治体に寄付すれば確定申告が必要になります。

ふるさと納税がお得な制度であるのは間違いありませんが、自らの収入や家庭の状況なども考えながら「今、寄付できるのはこれくらいかな」というレベルにとどめ、予期せぬ支出にも対応できる範囲で利用を。

自治体サポート
――ちょっと調べればすぐ分かるこんなお得情報が！

ここまでは「自力でできるチリツモ資産形成」でしたが、実は公的なサービスが老後の生活をサポートしてくれるといううれしい制度を持つ自治体があります。

しかも自治体が提供している高齢者支援サービスは実に多様です。急に体調が悪くなったときの「緊急通報システム」やオムツ代の助成、タクシー利用券の交付やバス乗車料金の支援などです。他にも杖の無料配布や寝具の洗濯、訪問理美容利用料の助成といった独自の支援を行うところもあります。**自治体の「すごいサポート」を紹介**します。

定住住宅建築奨励金（愛媛・松野町）

松野町は、２０１４年度から定住促進条例に基づき住宅を新築または新築住宅を購入し、同町に10年以上居住する人を対象に奨励金として１００万円を支給しています。玄関、居住する部屋、台所、便所、浴室などがある住宅部分の面積が66㎡以上の新築（構入）住宅を所有する人がもらうことができます。

住宅建設資金（北海道・赤井川村）

赤井川村は2016年4月から定住人口増加と地域活性化を目的に「移住・定住支援事業」をスタートし、10年以上居住する人に300万円の住宅建設資金を支援しています。自らが居住する新築住宅や店舗や事務所との兼用住宅に300万円、1棟6戸以上の新築共同住宅は1戸当たり300万円の支援となっています。住宅建設後、3年間は固定資産税が半額となります。

定住サポート（石川・志賀町）

志賀町は「移住定住促進住まいづくり奨励金」として単身移住の場合に最大100万円、家族移住ならば最大200万円の奨励金を出しています。また、賃貸で住む場合には家賃補助として月に上限5000円（最大3年間）、町内での就業者には上限1万5000円（最大3年間）を支給しています。

移住推進補助金（和歌山・有田市）

有田市は、すぐに移住を決められない人を対象に「移住希望者現地訪問支援補助金」

というユニークな制度を設け、移住・定住の促進を図っています。対象は和歌山県外に住む移住希望者で、居住地から有田市までの片道交通費として上限2万円を補助しています。現地訪問の際には担当職員が同伴し、相談に乗ってもらうことができます。

移住者に土地提供（北海道・雄武町）

雄武町は、過疎化防止と町の活性化を図るため、移住宅地（町有地の一部）を無償で貸与し、一定期間内に住宅を建築した場合には土地を無償で譲渡するという驚きの事業を始めました。住宅を建築して居住することが条件で、床面積が60㎡以上の専用住宅または住宅部分の床面積が60㎡以上ある併用住宅が対象です。仮設用ユニットハウスなどの簡易な仕様・構造は認められません。

住まいづくり支援（秋田・大潟村）

大潟村は、住宅の新築工事やリフォーム、増改築工事を行った人に補助金を交付しています。対象は、移住のために村外から住民票を異動しようとする移住者を含む世帯や、18歳以下の子と親、祖父母が同居する世帯などで、村内に新築した場合は最大100万円と上限100万円分の商品券をもらうことができます。中古住宅の場合は合計で最大

130万円、移住定住世帯がリフォーム・増改築を行った場合は合計で最大80万円です。

空き家バンク制度（沖縄・石垣市）

国内有数の観光地である石垣市は、移住定住の促進で地域活性化を図るため空き家を賃貸物件として活用する仕組みを実施しています。所有者と入居希望者を仲介するサービスで、利用対象は3年以上定住することが見込まれ、「石垣市の自然環境、伝統文化等に対する理解を深め、地域住民と協調して生活できる者」となっています。石垣市は若者にも人気のスポットになっていますので、2022年12月時点で利用できる物件はありません。情報は更新されていきますので利用したい人はチェックを怠らないことが大切です。

「0円空き家バンク」（東京・奥多摩町）

奥多摩町は、希望する人に空き家を無償譲渡する「0円空家バンク」を始めています。管理に困って物件を手放したい人と活用したい人とのマッチング事業で、年齢要件や定住要件に合致せずに他の移住先を断念した人にも使い勝手の良い制度となっています。定住の必要がなく、譲られた物件をアトリエや倉庫、アウトドア活動の拠点などとして自由に使えるうえ、建物を解体し、土地だけを利用しても良いので高い人気を誇っています。

定住促進奨学金償還補助金（長崎・雲仙市）

雲仙市は移住定住の促進を図るため、市内に居住し、奨学資金返済額の一部を補助しています。雲仙市や長崎県育英会、日本学生支援機構などから借り入れたもので、年度内に支払った償還金の2分の1（上限は高校の3万6000円から大学の6万円まで）を最長10年間補助するものです。対象は申請時点で雲仙市に居住し、5年以上定住することを誓約した人などで、子供や孫と一緒に移住しようと考えている人も使うことができそうです。

■こんなにもらえる年金以外の「10のお金」

さあ、「令和の勝ち筋」を取るためのアドバイスも、いよいよクライマックス。最後は、日本全国どこでももらえる年金以外のお金をご紹介しましょう。

老後の収入は公的年金がメインになります。しかし、申請をすればお金をもらうことができる公的制度があります。**「面倒くさい」「恥ずかしい」などと言わず、もらえるモノはもらうという姿勢が老後生活では必要です。**これまで税金を払ってきたのですから、権利は堂々と行使すべきです。

では、どのような公的支援があるのでしょうか。主な「10のお金」を紹介します。

①高年齢求職者給付金

65歳以上で退職までに雇用保険に6カ月以上加入している人は離職前賃金の5〜8割を最大50日分もらうことができます。支給を受けることができるのは、離職の日以前1年間に被保険者期間が通算で6カ月以上あること、そして「失業」状態にあることの2点を満たしている人です。2017年の雇用保険法改正で65歳以上の人も雇用保険の新規加入ができるようになり、65歳に定年年齢が引き上げられる時代のセーフティネットとみることもできます。

注意しなければならないのは、ここで言う「失業」状態とは、就職したいという意思と能力があり、就職活動しているにもかかわらず職に就くことができない状態を指すことです。家事に専念する人や自営の人、次の就職が決まっている人などは原則として支給を受けることはできません。

給付金は、被保険者期間が1年未満の人は30日分、1年以上ならば50日分を受け取ることができます。一括で支払われるため、離職後の生活の足しになるでしょう。また、年金と一緒に受け取ることもできます。給付金の計算式は、まず離職直前6カ月の賃金の1日単価を計算し、「賃金日額」を出します。

例えば、離職前6カ月の給与が月額20万円だった場合（被保険者期間1年以上）は、「20万円×6カ月」÷180日で6666円が賃金日額に当たります。賃金日額を基に「基本手当日額」が算出され、このケースでは4888円が基本手当日額となります。被保険者期間が1年以上ありますので、これに50（日分）をかけた24万4400円が支給されることになります。

給付金を受け取るためには、離職翌日から1年以内に管轄のハローワークに手続きをする必要があります。「離職票」や本人確認書類（マイナンバーカードなど）、本人名義の預金通帳、写真や印鑑を持って忘れずに申請しましょう。

②年金生活者支援給付金

２０１９年10月の消費税率引き上げに伴い、所得が一定水準以下の年金受給者は「年金生活者支援給付金」を受け取ることができるようになりました。対象は老齢基礎年金、障害基礎年金、遺族基礎年金を受給し、所得が一定水準より低い人です。

年金生活者支援給付金は公的年金などの収入やその他の所得額が一定水準以下の年金受給者の生活を支援するために年金に上乗せして支給されるもので、「老齢年金生活者支援給付金」「障害年金生活者支援給付金」「遺族年金生活者支援給付金」の３つがあります。65歳以上で老齢基礎年金を受給し、同一世帯の人すべてが住民税非課税であるなどの条件を満たせば「老齢年金生活者支援給付金」の対象となります。

給付額は保険料納付済み期間と保険料免除期間などによって異なりますが、老齢基礎年金を満額受給（年約78万円）している場合、給付額は年間約６万円となります。子供の扶養に入っているシニアでも、「同一世帯の全員」が住民税非課税であれば給付金をもらうことができます。

「障害年金生活者支援給付金」は現在、障害基礎年金を受給している人が対象で、前年の所得額が「472万1000円＋扶養親族の数×38万円」以下であれば、「障害等級2級」の人は月額5140円、「障害等級1級」は月額6425円が支給されます。給付額は物価の変動に応じて毎年見直されますので確認しましょう。

「遺族年金生活者支援給付金」は、遺族基礎年金を受給しており、前年の所得額が「472万1000円＋扶養親族の数×38万円」以下であれば給付金を受け取ることができます。給付額は月額5020円です。仮に3人の子が遺族年金を受給している場合、1人当たりの金額は1673円（月額）になります。いずれの年金生活者支援給付金も受け取るためには請求書の提出が必要になります。最寄りの年金事務所に相談・手続きすることを忘れないようにしましょう。

③高額介護サービス等の払い戻し

公的介護保険の1カ月間の自己負担額の合計が上限額を超えた場合、その超過額の払い戻しを受けることができます。公的介護保険の自己負担額は1〜3割ですが、利用が続いていけば負担もかさみます。このサービスは世帯の合算も可能で、例えば申請後の世帯の上限額が月2万4600円で、自己負担の合計額が3万5000円だった場合には差額の1万400円の払い戻しを受けることができます。

④高額医療・高額介護合算療養費制度

公的医療保険と介護保険の支払い合計額（年間）のうち、一定額を超えた分は取り戻すことができます。70歳以上の世帯の自己負担額は所得に応じて6つに区分され、212万円が上限です。世帯での合算もできますが、同じ医療制度に加入していることが条件となります。基準額は世帯の年齢構成や収入に応じて設定されていますので、利用が必要であると感じたならば確認しましょう。

⑤家族介護慰労金支給

介護保険サービスを利用せずに介護をしている家族に対する「慰労金」がもらえる事業です。在宅で重度・最重度の高齢者を介護する同居家族に支給するもので、経済的な負担を和らげることができます。自治体によって対象は異なりますが、1年を通じて同居する家族を在宅で介護している人に年間10万円を支給する自治体が多いです。しかも、条件を満たせば毎年支給されますので、自分が住む市区町村に確認しましょう。

⑥がん治療助成

自治体によってはがん治療で頑張っている人に助成する制度を設けているところがあります。東京・港区の場合は、区内に住むがん治療をしている人が脱毛または乳房切除し、補整具が必要な時には、医療用ウイッグや補整下着などの購入費3万円か、購入経費の7割のどちらか少ない額が支給されます。

⑦居宅介護住宅改修費支給

要介護状態と認定された場合には、自宅をバリアフリー化すると最大20万円が給付されます。自宅を介護に適した状態に改修することで、介護者の負担を軽減することができます。要支援・要介護認定で受けられる在宅サービスの支給限度額とは別枠での利用が可能で、自治体によっては認定前に予防給付するケースもあります。市区町村や地域包括支援センターに相談してみてください。

⑧老朽危険空家除却費用助成

老朽化が著しく、倒壊の危険性の高い空き家を除却・解体する場合、工事費用の一部を補助してもらうことができます。国と自治体が連携して建物費用を支援する制度で、自治体によって補助金額や条件が異なります。東京・杉並区の場合は、除去工事費の80％（助成限度額150万円）が給付されます。気になる人は市区町村の窓口に確認してみましょう。

⑨職業訓練受講給付金

公的な職業訓練を受講している期間にも給付を受けることができます。対象は、雇用保険の被保険者や受給資格者ではなく、働く意思と能力があり、職業訓練などの支援を行う必要があるとハローワークが認めた人などです。本人の月収が8万円以下、世帯収入が月25万円以下、世帯全体の金融資産が300万円以下、自宅以外の土地や建物を所有していないという条件を満たし、職業訓練を受けると「職業訓練受講給付金」として月10万円が支給されます。

⑩高齢者向け優良賃貸住宅

国や自治体が優良と認定した賃貸住宅に住み、家賃補助を受けることができます。バリアフリー化や緊急通報装置など高齢者が住みやすいように配慮されており、敷金や礼金など初期費用も必要ありません。入所条件は60歳以上の単身者または夫婦（どちらかが60歳以上）の世帯、同居者が60歳以上の親族となっています。また、自立した生活が可能な状態であるという点も重要になります。家賃補助の対象は、入居する世帯の所得（月額）が26万８０００円（一部の自治体は所得38万７０００円）以下の人で、もらえる補助金の額は自治体ごとに所得で分けられているので市区町村に確認してみましょう。

この章のまとめ

・個人事業主になれば、大幅節税が可能に。
・「何となく払っているお金」を見直そう。
・意外なほど売れる「ネットフリマ」を活用せよ。
・ふるさと納税は一挙両得、使わない手はない。
・自治体ごとの特色あるサポートを見逃すな！
・条件合うならもらわにゃ損、10の公的支援を抑えよう

終章

〝本当にゆとりある老後生活〟を送るために

■「天国ルート」への道

では最後に、序章で「地獄ルート」をたどった高橋家が、本書で挙げたアドバイスを実行して「天国ルート」になったケースをシミュレーションしてみましょう。

堅実で情報感度も高い太郎さんは、千里さんとの老後生活に自信がありました。その理由は、長く勤めてきた会社で部長職だった太郎さんは55歳から管理職を外れる「役職定年」となり、給与激減に伴う不安を学生時代からの友人であるファイナンシャルプランナー（ＦＰ）に相談していたからです。「退職金を含めれば65歳の時には貯金が２０００万円になるけど、はたして老後はやっていけるんだろうか？」。友人のＦＰは率直に答えます。「それだけでは危ないと思っていた方がいいよ」。「えっ？　２０００万円もあれば安心だって、国が言っていたんじゃないの？」。

勧められたのは、２０００万円を活用した資産運用の道でした。「投資とは無縁の人生だったから少し不安だな…」。リスクが頭から離れない太郎さんにＦＰは「ライフイベント表」と「キャッシュフロー表」を作成し、説明することから始めました。「なるほど、２０００万円すべてを運用に回さなくてもいいんだな。これなら安心できる」。**選んだのは、老後の「いざ」を考えた分の費用などを安全性の高い預貯金として確保しつつ、５００万円を資産運用に回すもの**でした。さらに自らが「がん家系」であることを知る太郎さんは万が一のことを想定し、85歳まで保障期間がある生命保険（定期保険）に加入することにしました。

それでは、太郎さんが65歳からのシミュレーションを見てみましょう。

28ページのグラフをもう一度よく見てください。まず、日常の生活費は夫婦で毎月19万９５００円かかります。収入は、太郎さんの国民年金（老齢基礎年金）と厚生年金（共済年金）で年額約１５０万円、さらに65歳未満の配偶者がいる場合にもらえる加給年金約36万円があります。65歳時の年金合計額は１８４万４０００円、月額15万４０００円が入ってきます。

ただ、日常生活費の他にも固定資産税など自宅の維持費に年20万円、夫婦の医療費に年12万円が必要で、国民健康保険料や介護保険料、太郎さんの生命保険料（月７０００円）もあります。年間の収入は１８４万円ほどですが、支出は約２９６万に達しており、大幅な赤字となります。

さらに太郎さんが65歳の時に長男が結婚し、100万円の結婚資金をプレゼントしました。この年の支出は396万円に膨らみ、赤字額は預貯金2000万円の1割超に当たる212万円のマイナスとなります。「本当にこのままで大丈夫なの?」。妻の千里さんも不安そうな表情を浮かべます。

先ほども触れましたが、太郎さんは65歳で預金から500万円を資産運用に回しました。このため、年末の預金額は1289万円にまで減少しましたが、想定内の収支に自信を失ってはいません。太郎さんが67歳の時には長女も嫁ぎ、長男のときと同じように結婚資金100万円を渡します。「いよいよ夫婦2人の生活スタートだ。思いきり楽しもう」と70歳では車を運転がしやすい軽自動車に200万円で買い替えました。

この年には加給年金が終わる一方で、千里さんの年金70万円超が加わります。ただ、93歳になった千里さんの母親は介護が必要な状態となり、在宅介護する妹に月1万円ほど介護費を援助することにしました。長男・長女の家庭にもそれぞれ2人ずつ孫が誕生し、祝い金もあります。

「そろそろ、かな」。太郎さんは75歳の時、築40年を超えた自宅をリフォームすることにしました。費用は200万円。「えっ、介護もあるのにそんなお金払えないよ」と心配する千里さんに、太郎さんはFPから聞いていたプランを〝発動〟します。

65歳の時に資産運用に回した500万円は、年4％の利回りで運用資産額は74歳時点で672万円に膨れ上がっていました。この一部231万円を75歳の時に取り崩し、この年の大きな赤字を埋めたのです。さらに残りは75歳から25年間にわたって毎年30万円超を分割で取り崩す道を選びました。

■「銀行預金」だけでは決して実現できなかった「天国ルート」

太郎さんが77歳の時には、千里さんの母親が100歳で亡くなり、1000万円を相続します。減少していた預金残高も一気に回復しました。ただ、太郎さんは80歳からがんを患い、その医療費と介護費は年57万円も必要です。住宅改造や介護用ベッドの購入など初期費用74万円もありました。さらに千里さんが84歳の時には「これは水回りも老朽化していてダメですね」と修理業者から指摘され、リフォーム費用として200万円を出費します。

在宅介護で奮闘していた千里さんは「さすがにもう楽な生活は無理かも……」と思い悩むようになりました。「心配するな」と繰り返していた太郎さんも85歳で永眠してしまいます。ただ、生命保険金500万円で葬儀・お墓の費用350万円を支払うことができ、一人暮らしとなった千里さんには遺族年金62万2000円も加わることになりました。資産運用からの取り崩しで千里さんには94歳の時まで毎年34万円が入ってきます。

千里さんは95歳から医療費が2倍近い年20万円ほどになりました。ただ、100歳となった時点の預金残高は300万円以上もあります。年間収支はほとんど赤字続きだったものの、**預金の4分の1を資産運用に回すだけで「老後破綻」をせずに済んだのです。**自宅を手放すことなく子供たちに残した上で、自分の葬儀費用を賄えるだけの預金もあるケースと言えるでしょう。

このシミュレーションは、各種の平均データを用いながら親が長生きし、夫婦のどちらかが100歳を迎えても「2000万円」あれば本当に大丈夫なのかを考えたものです。たしかに「親の遺産相続がなければダメだった」という見方もできるでしょう。遺産相続の平均額は約3200万円、中央値は約1600万円ですが、もちろん遺産がないということもあります。

ただ、忘れてはいけないのは「2000万円」のうち、4分の1しか運用に回していないという点です。第2章で見た通り、運用資金を「1000万円」「1500万円」にしていれば複利効果でより大きな利益を確保することも可能になります。

ここまで、様々なマネーのあり方を見てきました。人生が一人ひとり異なるように、老後までに貯めておくことができる資産や手法はそれぞれです。しかし、どんなに節約をしようとも、最低限の費用はかかります。自分は手元にいくらあるのか、もらえる年金受給額はどれくらいなのかを考え、今後のライフイベントに伴う出費に合わせて自分なりにカスタマイズしないままだと、老後は「2000万円だけでは全然足りない」ということになるのです。

とはいえ、焦ってもいいことはありません。まずは本書で提案したさまざまな方法のうち、「できるところから」始めてみてはいかがでしょうか。

おわりに

人生は、いつ終わりを告げるのか誰にも分かりません。余命3カ月と宣告を受けた人が1年以上も旅行やレジャーを楽しんでいたり、逆に突然の不幸が訪れたりする人を何人も見てきました。いつ、何が起きるのか分からないからこそ、一生は楽しくも、怖くも感じるのかもしれません。

ただ、生涯におけるリスクの中には事前に備えることができれば回避できるものもあります。そのひとつが「老後破綻」ではないでしょうか。将来のことを考えず、若い時と同じように浪費を繰り返していれば、いきなり崖から落ちることになるかもしれません。逆に、今は生活が苦しくても「今日より、きっと明日は良くなる」と信じて資産形成し、節約や節税に努めていけばリスクを回避できる可能性は高まります。

もちろん、老後に必要となる金額はデータや分析によっても異なります。金融庁のワーキンググループが報告書で用いた家計調査（2017年）に基づけば、月の収入は年金で20万9198万円、支出は26万3718円となり、毎月5万4520円の赤字が生じます。しかし、2020年の総務省「家計調査年報」を見ると、夫婦ともに65歳以上の無職世帯は1カ月の消費支出が月23万4390円で、公益財団法人「生命保険文化センター」の調査（2022年度）では夫婦2人の最低日常生活費は平均23万2000円となっているのです。調査の時期や方法などによって「老後の不足額」は異なります。

老後を夫婦のみで過ごすのか、それとも「おひとり様」なのか。持ち家と賃貸のどちらで住むのか。大病を患わず、介護も必要ないのか否か。厚生年金に加入しているのか、国民年金のみなのか……。一人ひとりの人生によって「老後2000万円問題」は変化します。しかし、たしかなことは「老後に貯蓄を取り崩しながら生活している」という現実があることです。本書で例示した様々なシミュレーションやデータからは、老後破綻を回避する「勝利の方程式」を見ることができたのではないでしょうか。資産運用・投資は「短期よりも長期」で、年金は「厚生年金に加入」し、少しでも長く働いて「繰り下げ」受給する。他にも、使わないと損をする節約や節税の方法、公的な支援策などを活用する重要性を理解できたと思います。

本書でのシミュレーションにおいては、「2000万円」を貯めることがひとつの重要なポイントになることがお分かりになったことでしょう。2000万円を運用した場合の利益は、利回り3％ならば5年間で約318万円、10年間で約687万円、15年間では約1115万円になります。5％ならば5年間で552万円、10年間で約1257万円、15年間で約2157万円です。複利効果によって長期間運用すれば資産は膨らみ、「老後破綻」のリスクを大きく減らすことができるのです。

つまるところ、「老後2000万円問題」とは、働けなくなるまでに貯めるべき「資金2000万円問題」と言うことができると思います。不足する分は収入を増やすか、支出を削るしか方法はありません。しかし、いかに節約しようとも、それだけで老後の不足分をカバーすることは容易ではありません。いつまでも元気に働き続けることができればいいかもしれませんが、多くの人は難しいはずです。それならば、資産運用でお金を増やしつつ、年金の繰り下げ受給を検討しましょう。

組織に縛られず、人脈やスキルで稼ぐフリーランスは約500万人に達し、今後も増加が見込まれています。国民年金のみに加入する人が増えるということです。一方で、税金や高齢者の社会保険料などの負担は増えていきます。給与が上がらず、退職金も少なくなってきた今、自分の身は自分で守らなければなりません。つまり、**自分自身が働くことも大事だけれども、資産運用で「お金に働いてもらう」ことも重要な時代に入っているる**ということです。

2000万円という資金は、退職金でも、親からの相続や贈与でも、あるいはギャンブルでの一攫千金でも、とにかく年金生活に入るまでに得ることができれば「勝者」となれることを意味します。つまり、年金受給額の増額率が最大84％となる「75歳」までにどう過ごすのかが勝負と言えるのです。定年となる65歳以降も働き、年金を繰り下げ受給して暮らすというライフプランを実現できれば「老後破綻」のリスクは減らすことができます。逆に言えば、70歳や75歳になるまでは自分次第で将来の生活を変えることができるということです。

資産運用の資金として2000万円を確保し、年金を繰り下げ受給できれば、老後の「勝ち組」に入ることは十分可能でしょう。国民年金のみの人は厚生年金よりも多く貯蓄していき、厚生年金に加入する人は少しでも長く働き続けることが大事です。

ただ、何よりの「財産」はあなたの体であることも忘れないでください。いつの時代も「体が資本」です。お金の亡者のごとく厳しい節約を重ねたり、税金逃れをしていたりすれば必ず自分に反動がくることでしょう。そうなれば、何のために資産を増やすのかわかったものではありません。

おひとり様は知人や近所、地域の人とのコミュニケーションも大切です。孤独な時間をなるべく減らし、コンビニだけではなく、足を延ばして商店街を回ってみるのもいいかもしれません。夫婦で暮らす人は子供や孫との時間を大切にすればリラックスした老後を送れるはずです。お金のことだけでなく、精神的な余裕を持つことも老後の「勝者」となるには欠かせないのです。

誰もが聞いたことがある寓話『ウサギとカメ』は、最後にカメが勝ちます。いかに歩みが遅くても、コツコツと歩みを止めなければ「勝者」になれることを教えてくれます。本書が「老後の勝ち方」の一助となれば幸甚です。

それでは、あなたが「老後の勝者」となれることを願って。グッドラック！

佐藤健太

銀行預金しかないあなたのための
何歳からでも間に合う 初めての投資術

著者 佐藤健太

2023年6月5日 初版発行
2023年7月5日 2版発行

佐藤健太（さとう・けんた）
1977年生まれ、東京都出身。経済アナリスト、心理カウンセラー。ライフプランのFP相談サービス『マネーセージ』執行役員として、老後破綻を招かないための資産形成術を伝授。多くの起業サポートを手がけ、若者のアントレプレナーシップ教育に携わる。様々なビジネス・経済誌に寄稿し、毎日新聞公式ポッドキャストに出演している。
https://satoken.net/
Twitter：@KentaSatoTrend

発行者 佐藤俊彦
発行所 株式会社ワニ・プラス
〒150-8482
東京都渋谷区恵比寿4-4-9 えびす大黑ビル7F
発売元 株式会社ワニブックス
〒150-8482
東京都渋谷区恵比寿4-4-9 えびす大黑ビル
企画・編集協力 梶原麻衣子
装丁 橘田浩志（アティック）
柏原宗績
カバーイラスト ゲッティイメージズ
DTP 株式会社ビュロー平林
印刷・製本所 大日本印刷株式会社

ISBN 978-4-8470-6207-0
ワニブックスHP https://www.wani.co.jp